极简
投资理财法则

田 凯　刘诗博　陆琳之◎著

中国铁道出版社有限公司
CHINA RAILWAY PUBLISHING HOUSE CO., LTD.

图书在版编目（CIP）数据

极简投资理财法则 / 田凯，刘诗博，陆琳之著 . —
北京：中国铁道出版社有限公司，2023.3
ISBN 978-7-113-29799-2

Ⅰ.①极… Ⅱ.①田… ②刘… ③陆… Ⅲ.①投资 -
基本知识 Ⅳ.① F830.59

中国版本图书馆 CIP 数据核字（2022）第 203907 号

书　　名：**极简投资理财法则**
　　　　　JIJIAN TOUZI LICAI FAZE
作　　者：田　凯　刘诗博　陆琳之

责任编辑：吕　芟　**编辑部电话：**（010）51873035　**电子邮箱：**181729035@qq.com
封面设计：宿　萌
责任校对：刘　畅
责任印制：赵星辰

出版发行：中国铁道出版社有限公司（100054，北京市西城区右安门西街8号）
网　　址：http://www.tdpress.com
印　　刷：北京联兴盛业印刷股份有限公司
版　　次：2023 年 3 月第 1 版　2023 年 3 月第 1 次印刷
开　　本：710 mm×1 000 mm 1/16　**印张：**12.75　**字数：**161 千
书　　号：ISBN 978-7-113-29799-2
定　　价：69.00元

前　言

如果你的收入不高，积蓄也不多，应该怎么办？这就需要我们树立正确的理财观念、掌握科学的理财技能，让自己手中的钱"跑赢"CPI（居民消费价格指数）。

很多人认为，财务自由是一个难以企及的目标，甚至将其视为无法实现的梦想。其实，只要我们掌握并用对了方法，这个梦想就很可能会实现。对于想拥有更多资产的人而言，理财已经刻不容缓。正如巴菲特所说："你能够积累多少资产，不取决于你可以赚多少钱，而取决于你是否会理财，是否有让钱为你工作的能力。"

错过的机会已经错过，对于我们来说，现在最关键的是要立即行动起来，学会理财，让自己更富有。大家可能听过这样一句谚语："世界是不变的，可以变的是我们自己。"只要你领悟了理财的真谛，培养了正确的财商思维，拥有更多财富对于你来说就不是难事。

理财的学问博大精深，涉及的范围很广，我们如何才能快速掌握其中的精髓并为自己所用呢？本书在这样的困惑中应运而生，旨在教读者如何更好地进行理财，帮助读者转变思维、获取知识、打开理财的大门。

本书以实用性和趣味性为原则，系统地讲述了适合普通人使用的理财方法，致力于为大家提供切实可行的帮助。从财商思维到储蓄、保险、股票、不动产，再到债券、基金，本书抽丝剥茧，向读者传授配置各类资产的方法，用简单的技巧抓住理财投资的核心。

此外，本书还添加了有代表性的案例和图片，希望可以突破以往那种单调、枯燥的纯文字写作形式，使内容变得更生动、形象，丰富读者的阅读体验。通过对本书的学习，读者可以迅速领略到理财的真谛，从而更好地适应全民理财时代。

对于刚刚步入社会的打工人、职场人、工薪人士、有闲置资产的人群、对理财感兴趣的人群来说，本书可以让他们掌握既会赚钱又会理财的技能，并帮助他们得到快乐和满足。相信在本书中，每个人都可以找到让资产保值、增值，使自己变得更富有的途径。从本书开始，从现在开始，请大胆启动你的创富计划。

建议读者在拿到本书后，不用马上从第一个字看到最后一个字，可以先根据自己的实际情况和需要，选择最想突破或比较薄弱的环节深入学习；再由学习的突破点延伸，找到适合自己的流程线；最后，掌握整本书的精要内容。

本书若有不足之处，欢迎各位读者批评指正。

作　者

目 录

第一篇 改变认知

第1章 培养财商：每月储蓄1000元也可以理财

1.1 理财不是成功人士的特权⋯⋯⋯⋯⋯⋯⋯⋯⋯⋯⋯⋯⋯⋯003

  1.1.1 草帽曲线：一辈子那么长又这么短⋯⋯⋯⋯⋯⋯⋯003

  1.1.2 努力拓宽财富蓄水池⋯⋯⋯⋯⋯⋯⋯⋯⋯⋯⋯⋯⋯⋯005

  1.1.3 有多少钱可以开始理财⋯⋯⋯⋯⋯⋯⋯⋯⋯⋯⋯⋯⋯007

1.2 不做"月光族"，从个人财务规划开始⋯⋯⋯⋯⋯⋯⋯⋯008

  1.2.1 制定一个合理的理财目标⋯⋯⋯⋯⋯⋯⋯⋯⋯⋯⋯⋯008

  1.2.2 明确收入，做简单规划⋯⋯⋯⋯⋯⋯⋯⋯⋯⋯⋯⋯⋯010

  1.2.3 分析支出，优化消费习惯⋯⋯⋯⋯⋯⋯⋯⋯⋯⋯⋯⋯011

  1.2.4 制订预算，培养消费习惯⋯⋯⋯⋯⋯⋯⋯⋯⋯⋯⋯⋯013

  1.2.5 为自己设置开销警戒线⋯⋯⋯⋯⋯⋯⋯⋯⋯⋯⋯⋯⋯014

第2章 转变思维：建立正确的理财观念

2.1 终极目标：实现财富自由⋯⋯⋯⋯⋯⋯⋯⋯⋯⋯⋯⋯⋯⋯017

  2.1.1 财务自由与财富自由⋯⋯⋯⋯⋯⋯⋯⋯⋯⋯⋯⋯⋯⋯017

  2.1.2 储蓄多少资产可以提前退休⋯⋯⋯⋯⋯⋯⋯⋯⋯⋯⋯019

2.2 你的理财观念正确吗⋯⋯⋯⋯⋯⋯⋯⋯⋯⋯⋯⋯⋯⋯⋯⋯021

  2.2.1 理财与风控息息相关⋯⋯⋯⋯⋯⋯⋯⋯⋯⋯⋯⋯⋯⋯021

2.2.2　理财≠无节制省钱 023

2.2.3　在投资中，收益与风险并存 026

2.2.4　复利积累：开启滚雪球模式 028

第3章　财富管理意识：像成功人士那样思考

3.1　用正确的态度对待金钱 031

　　3.1.1　金钱虽然重要，但应克服不良情绪 031

　　3.1.2　善用银行思维进行风险转移 033

3.2　存钱与负债的区别 035

　　3.2.1　负债可以引发财务杠杆效应 035

　　3.2.2　博傻理论：让资金流动起来 036

第4章　理财法则：资产配置与增值

4.1　为什么要对资产进行配置 039

　　4.1.1　平衡风险与收益 039

　　4.1.2　将资产分类，理财更科学 042

4.2　如何让资产稳步增值 044

　　4.2.1　根据需求期限安排资产 044

　　4.2.2　选择合适的理财工具 045

　　4.2.3　通过分散投资降低风险 047

第二篇　给要花的钱规划方案

第5章　要花的钱：用于支付基础开销

5.1　摆脱"钱多但不够花"的困境 052

5.1.1 别让过度精致和消费自由影响生活 052
5.1.2 克服措施恐惧症，拒绝群体意识 053
5.1.3 培养储蓄习惯，让财产积少成多 055

5.2 你是不是经常冲动消费 056
5.2.1 "双十一"是省钱还是费钱 056
5.2.2 警惕羊群效应，不做后悔的"尾款人" 057
5.2.3 拒绝所有权依恋，控制购物欲望 059

5.3 如何应对大额开支 060
5.3.1 合理规划自己的资金池 060
5.3.2 必要时可以选择分期付款 062

第6章 储蓄策略：打造专属的财富力量

6.1 通过储蓄实现财富原始积累 064
6.1.1 合理规划储蓄与支出行为 064
6.1.2 储蓄方式大盘点 066
6.1.3 如何进行阶梯式储蓄 068

6.2 银行理财产品配置技巧 070
6.2.1 配置银行理财产品的重要性 070
6.2.2 你适合银行理财吗 071
6.2.3 通过收益率审核银行理财产品 072
6.2.4 配置银行理财产品的三大要素 073

第7章 借助信用卡实现合理消费

7.1 信用卡的三个核心特征 076
7.1.1 覆盖面积广，使用人数多 076
7.1.2 支持分期消费与还款，有一定额度 077
7.1.3 改善征信情况，降低贷款难度 078

7.2 信用卡优惠攻略：学会"薅羊毛" 080

7.2.1 获取超长免息期的方法 080

7.2.2 充分利用信用卡的所有权益 083

第三篇　保命的钱的规划方案

第8章　保命的钱：留一部分钱应对突发情况

8.1 警惕家庭风险，拒绝一病返贫 087

8.1.1 长寿时代，如何避免没钱花 087

8.1.2 预防财产缩水是当务之急 089

8.1.3 一病返贫的破解方法 091

8.2 "抗击打"能力是如何养成的 093

8.2.1 为家庭预留足够的备用金 093

8.2.2 确保总资产增长率稳步提升 094

第9章　打造保险"盾牌"，防范风险

9.1 关于保险的五个误区 097

9.1.1 保险产品与投资产品是一回事 097

9.1.2 先为老人和小孩配置保险 098

9.1.3 忽视保费与保额的关系 099

9.1.4 储蓄和投资比保险更重要 101

9.2 两类常见险种的操作方法 102

9.2.1 寿险的操作方法 102

9.2.2 分红险的操作方法 104

9.3 防范保险风险的技巧 107

9.3.1 了解保险合同及理赔流程，加速理赔 108

9.3.2 警惕等待期，维护自身利益 109

9.3.3 定期为保单做体检 110

第四篇　生钱的钱的规划方案

第10章　生钱的钱：投资让你获取高额收益

10.1 投资其实没有那么难 114

10.1.1 消除恐惧心理，及时止损 114

10.1.2 理解风险和市场的波动性 116

10.1.3 克服错失恐惧症，理性思考 116

10.2 警惕六大投资陷阱 118

10.2.1 投资贵金属一定不会出错 118

10.2.2 理财一定要找专业人士 119

10.2.3 只要做股市"劳模"就能赚钱 120

10.2.4 跟着其他投资者买股票 122

10.2.5 采取"鸵鸟"策略以确保资金安全 123

10.2.6 大量购入低价股票 124

第11章　股票投资：掌握财富升值之道

11.1 股票投资四个主要环节 126

11.1.1 开户：选择适合自己的开户方式 126

11.1.2 看盘：看盘步骤＋盘感养成策略 127

11.1.3 买入：选好进股市的关键点 129

11.1.4 卖出：掌握利弗莫尔市场操作法则 131

11.2 做股票投资，先搞懂K线图 133

11.2.1 K线图：开盘价＋最高价＋最低价＋收盘价 134

11.2.2　如何理解阴线与阳线 135

11.2.3　弄清楚实体与上下影线 135

11.2.4　成交量与 K 线的关系 136

11.3　股票投资的风险管理措施 136

11.3.1　选择适合自己的股票投资方法 136

11.3.2　掌握股票解套策略 137

11.3.3　网络炒股的注意事项 139

第五篇　保本的钱的规划方案

第12章　保本的钱：以安全性为前提

12.1　保本的钱适合何种理财思维 143

12.1.1　重视本金，选择保守型理财 143

12.1.2　养老虽然重要，但不必过于纠结 145

12.1.3　年龄在增长，投资比例也要变化 146

12.1.4　单薪家庭的理财规划 147

12.2　钱不能只保本，还要跑赢通货膨胀 149

12.2.1　投资回报率与通货膨胀率 149

12.2.2　兼顾钱生钱和物生钱 151

第13章　配置年金资产，打造现金流

13.1　建立关于年金资产的正确理念 155

13.1.1　初步认知：年金是什么 155

13.1.2　年金的四大类别 157

13.1.3　为什么要预备年金资产 158

13.2　年金资产应该如何投 159

13.2.1　年金投资方法论 159

13.2.2　常见年金产品配置思路 160

13.3　不可忽视的年金险 163

13.3.1　年金险让"财有所保" 163

13.3.2　如何购买合适的年金险 164

13.3.3　配置年金险的误区 166

第14章　债券投资：安全的投资方式

14.1　了解债券：掌握三个关键概念 169

14.1.1　利率债与信用债 169

14.1.2　背书的定义与主要方式 170

14.1.3　债券的品种与要素 171

14.2　与债券投资息息相关的问题 173

14.2.1　债券有何风险 174

14.2.2　利率如何影响债券的价格 175

14.2.3　刚性兑付有必要存在吗 176

14.3　如做好债券投资 177

14.3.1　掌握债券的购买方式和交易流程 177

14.3.2　债券获利的技巧 178

第15章　基金投资：应对市场波动的"王牌"

15.1　基金投资的三大优势 181

15.1.1　门槛低，适用范围广 182

15.1.2　有较强的流动性，可以快速赎回 182

15.1.3　产品多样，利于投资者进行组合配置 183

15.2　五种基金，总有一种适合你 183

15.2.1　股票型基金 184

15.2.2 指数型基金 184

15.2.3 混合型基金 185

15.2.4 债券型基金 186

15.2.5 货币基金 186

15.3 基金投资的技巧 186

15.3.1 通过合适的方式买入基金 186

15.3.2 掌握基金的交易原则 188

15.3.3 申购与赎回基金的注意事项 189

15.4 选择优质基金的三种方法 189

15.4.1 判断基金的业绩表现 190

15.4.2 分析基金是否可以获取超额收益 192

15.4.3 衡量基金的抗风险能力 192

第一篇

改变认知

第 1 章

培养财商：每月储蓄 1 000 元也可以理财

我们经常听到有人讲智商、情商，却很少听到有人讲"财商"这个概念。财商（Financial Quotient, FQ），是指个人或集体认识、创造和管理财富的能力。大多数人的手上都掌握着一定的积蓄，却缺乏一种将其合理地管理、利用起来创造更多财富的意识。这种意识便是财商思维的体现。

我们在提起理财时，脑海中会出现各种商业大亨的形象。但其实理财并不一定要建立在大量的资金储蓄的基础上，即使一个月仅仅储蓄 1 000元，也可以利用财商思维将这 1 000 元的价值发挥到极致。

1.1　理财不是成功人士的特权

　　财商与智商、情商相并列，正在慢慢走入人们的视野，成为现代社会必不可少的素质之一。理财不仅是一种资产管理行为，也是一种思维能力。

　　这种能力既体现在创造财富及认识财富倍增规律方面，也体现在驾驭财富及应用财富方面。我们很难通过基础教育获得这种能力，而是需要在特定的环境中经过培育、熏陶和历练。最终，我们要达到的目的是树立正确的金钱观、价值观与人生观，创造更美好的生活。

1.1.1　草帽曲线：一辈子那么长又这么短

　　艾玛·沈在《理财就是理生活》中说："'草帽曲线'把人生比喻成一条射线。人们从出生开始便如同开弓，没有回头箭，一路急匆匆地奔向死亡。"人生很长，我们不得不面对可能出现的各种问题，并为这些问题寻找合适的解决方案。

在成长期，我们专注于接受教育，主要任务就是不断充实自己，提升自己的价值。这个时期的人通常没有什么经济来源，由父母为他们支付学费、娱乐费、饭费、住宿费等费用。同样，以后他们也背负着抚养儿女的责任。

在 25~60 岁这段黄金期，我们步入社会，希望借助自己的能力改变自己和家人的命运。这个时期是我们努力工作，积累财富的时期。我们会赚越来越多的钱，但负担也逐渐加重。我们在这个时期成家立业、购置房产、养儿育女、赡养老人，在赚钱的同时也需要大额支出。

在 60 岁以后的退休期，我们的身体情况大不如前，工作能力也在衰退。这个时期的我们需要依靠自己的存款，或者子女支付的赡养费生活。

从收入和支出角度看，草帽曲线由两条线构成——支出线和收入线。这两条线与代表我们人生的射线组成了草帽图案，如图 1-1 所示。

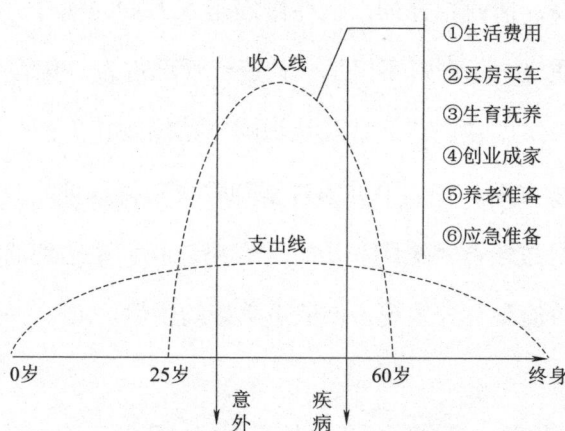

收入线

①生活费用
②买房买车
③生育抚养
④创业成家
⑤养老准备
⑥应急准备

支出线

0岁　25岁　60岁　终身

意外　疾病

图1-1　草帽曲线

图 1-1 可以引发我们对理财的深入思考。在黄金期，我们要为买房买车、生育抚养、创业成家不断奔波，与其相关的每一笔支出都不小。所以，如果我们能在这个时期多多积累财富，那么便可以减轻养老期的负担，让自己和家人过上更好的生活。

人生充满了不确定性，可能存在无数机遇，也可能存在无数风险。我们不知道人生的长短，更不知道会遇到哪些预料之外的变化。即便如此，我们也要充满希望，努力地改变人生的轨迹，努力实现财务自由，让自己拥有更大的选择权。

1.1.2　努力拓宽财富蓄水池

财富蓄水池理论的雏形最早由理财专家刘彦斌提出："收入是河流，财富是水库，花出去的钱就是流出去的水。"这个生动形象的比喻如今已经深入人心。

大部分人应该都接触过数学上的蓄水池问题：一个蓄水池有一个进水口和一个出水口，如果进水的速率和出水的速率不同，那么要花多长时间才能灌满蓄水池。财富积累过程也像一个蓄水池的进水和出水，进来的是我们的收入，出去的是我们的支出，如图 1-2 所示。

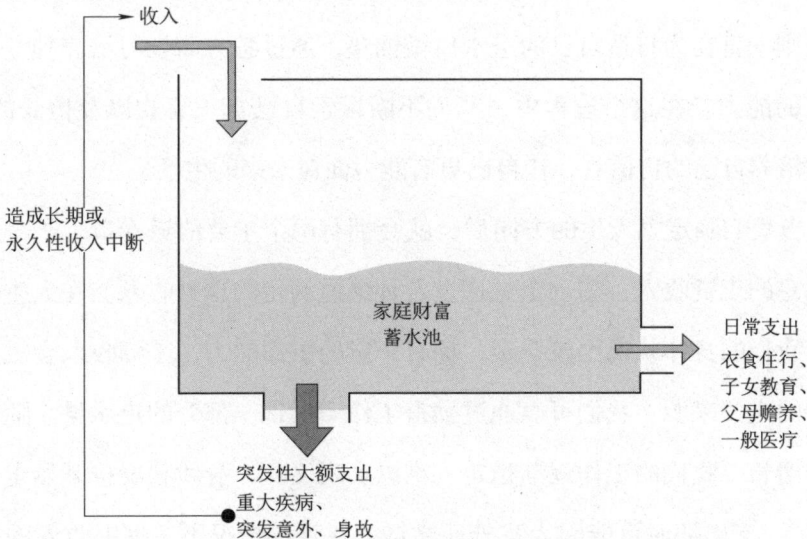

图 1-2　财富蓄水池示意

我们要想快速灌满蓄水池，应该从以下两个方面入手：

（1）开源，即增加收入，多向蓄水池中灌水；

（2）节流，即控制支出，减少蓄水池中水的流出。

在这样的基础上，以细水长流为原则，努力让蓄水池保持相对稳定的状态。蓄水池中的水越多，我们的负担就越轻。

在支出方面，我们能控制的范围其实非常有限。在日常状态下，蓄水池的出水口主要包括衣食住行、子女教育、父母赡养、一般医疗等方面的支出，这不是蓄水池最令人担忧的地方。蓄水池的风险来自突发性大额支出，这是难以控制的，而且一旦发生，我们无法预估其对蓄水池水量的损耗。

同时，这种风险还可能对进水口产生影响，我们的收入可能会因此骤减，甚至造成长期或永久性断流。针对这种风险，我们能做的只有为出水口加一道安全阀门，也就是通过购买保险提升自己的抗风险能力。

在整个蓄水池中，最重要的，也是我们最容易通过培养财商思维改变的是"开源"的部分。在成长期，父母为我们承担了蓄水池的维稳工作，我们则一直在为打造自己的进水口做铺垫，通过各方面学习培养独立创造财富的能力。在这个过程中，我们不断探索自己真正喜欢以及擅长的事，同时培养自己的价值观，让自己更有能力面对未来的生活。

当我们确定了人生的方向后，就会拥有两个主要的进水口，一个是比较固定的工资收入，另一个是通过各种渠道获得的理财收入。在人生的前期，我们的身体状况比较稳定，拥有一定的工作能力，工资收入会成为蓄水池的主要来源，我们可以通过勤奋工作增加这一部分的进水量。随着年龄的增长，我们的工作逐渐稳定，难以实现飞跃，身体状况也开始走"下坡路"，支出随时可能因为意外而激增。在这种情况下，理财收入的重要性就愈发地显现出来了。

1.1.3 有多少钱可以开始理财

很多人都觉得理财是有门槛的，他们在开始理财前经常会担忧：我不懂理财知识怎么办？我的账户里只有一点积蓄，这样也需要理财吗？理财的概念这么宽泛，我应该从哪里入手呢？这些问题的背后往往存在一种误区，即把理财与投资相混淆。理财其实就是管理财务，投资只是理财方式之一。

理财是理一生的财，是指对财产进行管理，以实现财产的保值、增值，也就是现金流量与风险管理。理财就像整理房间，无论我们住在大别墅还是小公寓里，都应该时常整理好房间的卫生，保持环境的整洁有序。

我们常说"理财就是理生活"，其实理财就是个人财务状况的"大扫除"。当我们开始有意识地对自己的资金进行规划、主动了解理财知识时，其实就已经在理财的道路上迈出了第一步。理财是一种思维方式，也是一种生活态度，培养一种思维方式和生活态度是没有门槛的。

理财的核心是财富管理，即在不同的财富目标和财富积累下对自身状况进行理性判断，并做出不同的行为决策。如果你还在理财初期，那就从梳理自己的收支状态做起，做好合理的收支规划，提高储蓄能力；如果你已经度过了理财的入门阶段，那就多学习一些理财知识，了解理财工具，提高自己的理财能力。

我们要勇敢而坚定地迈出第一步，最好的开始时间永远是现在，不必担忧现有资金过少，不必怀疑自己的理财价值。理财可以分为以下三个层次。

（1）有效、合理地安排资金，让它们发挥最大效用，以达到最大程度地满足日常生活需要的目的。

（2）用闲置资金进行投资，使其产生可观的收益，也就是财生财的层次。

（3）从财务角度进行人生规划，利用现有经济资源，最大限度地提高自己的人力资源价值，为未来的发展做准备。

我们依照这三个层次循序渐进地提升理财水准，争取早日实现财务自由。

1.2 不做"月光族"，从个人财务规划开始

通过草帽曲线图，我们应意识到，应将黄金期的收入集中保留下来，平衡到一生中去消费。由此我们才明白为什么大家不希望成为"月光族"，因为"月光族"在长远的时间维度中，持续稳定生活的能力和应对突发风险的能力都很低。"月光族"要想改变自己的生活现状，就要从明确自己的收支状况，合理进行个人财务规划开始。

1.2.1 制定一个合理的理财目标

对于大多数人来说，理财的目的不外乎就是维持日常生活的收支平衡、缓解经济压力、实现个人财富增长、有效规避经济风险。无论是哪个目的，我们心中都会有一个对前景的大致期待，现在我们要做的就是走近它，将其量化为具体、清晰的目标与计划。

我们在为理财制定目标前需要先充分考量自己的实际条件，选择一个需要付出努力才能达到但又不会过于遥远的目标。拥有一个明确、清晰、

需要努力才能达到的目标，可以让我们保持一定的积极性，有效激发我们为未来奋斗的动力。

目标不是凭空想象的，也不是孤立存在的，计划与之相辅相成，目标指导计划，计划的有效性也影响目标的达成。所以，在确定目标时要考虑清楚未来的路线，同时还要有一个切实可行的计划。

在具体操作时，以下三个原则可供大家参考：

（1）目标要考虑周全，不仅要考虑自身需求，还要考虑下一代的教育需求、生活需求；

（2）目标要合理可靠，只有分散投资才能有低风险、高收益的机会；

（3）目标不能一成不变，要根据市场情况及时调整。

此外，目标还要清晰、可量化，这样有利于我们稳步地将其实现。此类目标通常具备两个属性，如图1-3所示。

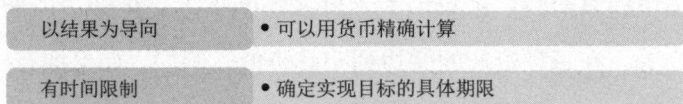

以结果为导向	● 可以用货币精确计算
有时间限制	● 确定实现目标的具体期限

图 1-3　清晰、可量化的目标的属性

马拉松冠军山田本一的故事广为流传，他成功的秘诀在于每次比赛前都会开车围着比赛路线绕一圈，记住路线上的一些标志性事物，如大型建筑物、特别的树、不同的拐点等。此外，山田本一还会将所有标志性事物画在地图上，从银行、大树、红房子、U形弯道一直绘至赛道的终点。通过这样的分解，一段长长的跑道，就变成一个个目标，山田本一每次都可以看到终点，每次都可以看到希望。

理财也是如此，当目标被细致地分解后，激励作用便能显现。如果我们实现了一个目标，那就相当于得到了一个正面激励。它可以为我们的自信心带来极大的鼓舞，让我们获得前进的动力，甚至可能产生目标完成、效益翻倍的效果。

1.2.2　明确收入，做简单规划

目标确定后，我们需要直面自己的财务状况，了解自己的收入水平，做好在目标达成期限内对收入变化的预期管理。要想判断自己的财务状况，首先应该用自己拥有的资产减去未偿还的负债，然后计算财富净值。

这个数额会让我们明确自己的经济实力，帮助我们做好决策，进而实现目标。创建一个简单的电子表单，也可以在网上下载模板，借助它们计算自己的财富净值，具体可以从以下三个步骤入手。

（1）列出资产

资产是指拥有的财产，包括手头可支配的现金、定期与活期存款、不动产及动产等。在每项资产的旁边列明其价值，例如，如果拥有一套房屋，就列出房屋的价值。对于股票、汽车等资产，也可以采取这样的做法。把各项资产的价值相加，就能得出资产的总价值。

（2）列出负债

负债是指一切待偿还的债务，包括贷款余额、信用卡欠款以及其他各种个人借款。把各项负债的金额相加，就能得出负债的总金额。

（3）计算财富净值

资产与负债相减得到的就是财富净值。随着理财计划的不断推进，我们的资产逐渐增长，负债由于不断偿还也会慢慢减少，压力逐步减轻，财务状况会慢慢好转。

明确了自己的财务状况后，需要对收入进行规划。我们要想完成之前确定的目标，收入必然不能停滞于当前水平。我们需要规划一个逐步提高收入的方案，可以包含职业发展，也可以包含投资效益增长预期。

在这方面，可以咨询一些理财专家，收集针对个人情况的建议。如果我们的收入主要是工资，来源过于单一，那么我们的抗风险能力就会比较低，很难使财产增值。因此，开始投资对于我们来说是刻不容缓的事。

1.2.3 分析支出，优化消费习惯

分析支出的目的是合理安排资产，树立正确的消费观念，节省成本，保持稳健的财务状况。分析支出是理财过程中不可或缺的步骤，如果我们的支出缺乏规划或规划不得当，那么很可能出现消费成本过高的情况，严重者甚至会出现财务危机。分类记录各种开支对理财很有帮助，不仅有利于我们对自己的资产进行规划，还可以帮我们反思自己的消费习惯。

首先，列出一个年度财务需求表，对一年内可预估的支出进行整理，如表 1-1 所示。

表1-1　年度财务需求表

未来12个月的支出项目		每月	全年
固定支出和投资	租金或房屋贷款偿还		
	保险费		
	债务偿还（消费品分期付）		
	银行定期存款及投资		
	父母赡养费		
	子女教育费		
	其他		
全年小计			

续上表

未来12个月的支出项目		每月	全年
生活费	膳食费		
	服装费		
	电话费、水电费		
	爱好（手办模型、化妆品等）		
	其他		
	全年小计		
业务开支	交通费		
	交往支出		
	文具、杂志费用		
	其他		
	全年小计		
其他杂项	学习、培训费		
	旅游费		
	俱乐部会员费		
	其他		
	全年小计		

其次，对各种开支进行分类，按照重要程度将其分成 A、B、C 等多个等级，并估计某项开支发生的可能性。

例如，A 项开支是最重要的开支，是将来必然会发生的开支，可以将其称为固定开支；B 项开支是较重要的开支，将来发生该项开支的可能性较大，可以将其称为非固定性开支；C 项开支是重要性较低的开支，将来发生该项开支的可能性较小，可以将其称为完全非固定开支。

再次，对各等级的开支分别进行汇总整理，从而计算出将来的总开支。为了计算更准确，还可以对开支再进行细化，列出 D、E 项可能增加的风险开支。例如，D 项开支是由于主要经济来源丧失而减少的收入，E 项开支是由于生病、住院等情况而造成的额外支出等。

最后，要建立合理的资产规划方案。例如，在规划家庭底层资产时，可通过家庭底层资产配置阶梯图购买意外险、健康险、年金寿险等产品，如图 1-4 所示。

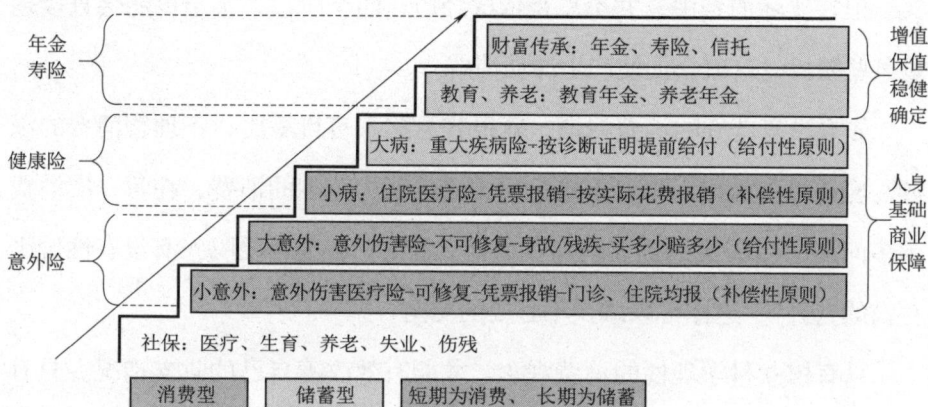

图 1-4　家庭底层资产配置阶梯

这样有利于我们实现资产的保值、增值，为家庭提供强大的经济保障。当然，对于其他类资产的规划，可以根据个人实际情况做出调整，以便获得更稳定、丰厚的收益。

1.2.4　制订预算，培养消费习惯

正所谓"计划赶不上变化"，在实际生活中，收支不可能永远按照自己预期的情况运行，这就需要制定详细的预算，预留应急资金（一般建议至少覆盖 3 个月的开销），并经常根据实际情况的变化更新预算。

有些支出是固定的，有些支出则是可变的，在制定预算时要尽量说明可变支出的用途，甚至可以把最近几个月的可变支出列成清单。把这些可

变支出相加，用总额除以月数，就可以知道平均每月的可变支出是多少，在制定每月预算时就可以将其纳入考量范围。

此外，也要从生活习惯入手逐渐改善自己的消费行为。一次正常而完整的消费行为通常经历四个阶段：识别需求、搜索信息、评估选择、决定购买。但在实际消费中，并不总是依次经历这四个阶段，甚至可能会直接越过某些阶段，这就会促使产生冲动消费。

如果没有良好的消费习惯，就很容易陷入盲目攀比、不理智消费的深渊。应该量入为出，尽量不进行超出自己能力范围的消费，在每一次消费前多问自己："我真的需要吗？我为什么需要？我能承受吗？有没有性价比更高的选择？"这样可以减少不必要的支出。

只有树立科学理性的消费观念，才能有效改善自己的收支情况。只有建立一个完整的消费体系，才能在瞬息万变的外部环境与各种观念的影响下坚守自己的底线，以最合理的方式满足自己的心理需求。

在电视剧《我的家里空无一物》中，女主角麻衣曾写过一首小诗："大多数东西，有了会很好，没有也无妨。"谨慎地拥有，珍惜地使用，勇敢地舍弃，知道自己真正需要什么，别把别人眼中的"好"作为自己追求的生活目标，在焦虑中保有自我、在忙乱中实现美好是非常好的生活状态。

1.2.5　为自己设置开销警戒线

即使对收支预算有了一定的计划，在日常消费中还是难以时刻拥有控制意识。每个人都知道预算很重要，但很少有人能将其真正落实。所以，"月光族"的问题并非出在没有记账或没有做预算上，而是在花钱时没有意识到这笔费用会在事后总结时超出预算，也就是对资金流向不敏感。

有一个简便、直观的方法可以保持我们的消费警惕性，那就是设置一条开销警戒线。只要消费金额接近这条警戒线，大脑就会发出警戒信号让你产生警觉性，这个无意识的警觉性便可以督促你再次衡量是否要进行消费。

警戒线是风险的触发值，当警戒信号出现时，就说明风险已经变成现实。我们应该为每年、每月、每天分别设置一个警戒线，代表我们在这个阶段能拥有的最大开销额度，超出额度则容易陷入财务危机。

警戒线不是一个随意设置的数值，需要分析自己的消费习惯、稳定的可支配收入数额、对风险承担能力的判断、若意外情况发生大致需要的周转资金数额等多方面情况，经过细致考量后决定。

当明确了一条警戒线后，在每天整理收支账单时即可对其进行实时对比，提前调整消费习惯，让自己在消费时拥有一份紧迫感。当设置警戒线成为习惯后，在进行每月总结时就可以回顾自己设置的警戒线有没有落实。

如果触及警戒线的情况越来越少，甚至开销额度距离警戒线越来越远，那就说明我们已经认可警戒线的存在。随着财务情况和消费习惯的变化，我们还可以不断调整警戒线，以达到约束自己的目的，提高实现财务目标的可能性。

在规划收支、制定预算、设置警戒线时，可以充分利用"随手记"等各种理财记账 App，做到随时随地记录消费行为、监控消费情况。

完成了这一步，我们就已经初步做好了一份理财规划。但这只是理财道路上刚刚入门的一小步，接下来我们依然要不断学习、发现新事物，不断修正自己的理财规划，使其日益完善，并在其他方面开展新的理财规划，通过理财规划让个人或家庭的财务状况更健康、更稳固。

第 2 章

转变思维：建立正确的理财观念

在进行个人财务规划的过程中，每个人都在潜意识里受到各自不同的理财思维与价值观念的影响。刚刚开始理财的新手对这个领域还比较陌生，也没能建立起一套完整、清晰、更适用于理财的思维模式，很多时候只能靠生活经验去做出直觉判断。

学习理财的过程其实也是训练思维的过程，每一位理财者都需要一定的时间去磨砺，转变日常的思维模式，建立一套更有针对性的理财思维体系，才能实现更好的财富增值效果。

2.1 终极目标：实现财富自由

简单地讲，财富自由就是我们拥有足够多的时间和足够多的金钱，支持我们做自己想做的事。在基本的生活需求得到持续保障的前提下，依然有足够的资本可以自由地投入到自己追求的工作中。

2.1.1 财务自由与财富自由

财务自由与财富自由听上去十分相似，实际各自所代表的生活状态却是天差地别。财务自由是指人无须为生活开销而努力工作的状态，一个人的资产产生的被动收入至少要等于或者超过他的日常开支，才可以到达财务自由的状态；而财富自由则是指可以有充裕的时间和金钱去完成自己追求的事，如环游世界、写一本书或者投身公益事业等。

如果财务自由是一种生活状态，那么财富自由则是一种幸福的感觉。财务自由是生存问题，财富自由是自我实现问题。

（1）财务自由

财务自由用公式表达为：财务自由＝被动收入－花销＞0。什么是被动收入？被动收入的英文是 Passive Income，意思是不用主动付出劳动，不需要花费很多时间和精力，也不需要经营，就可以自动获得的收入。

当工作不再是满足生活基本开销的唯一手段，被动收入达到或者多于同期支出，你不再需要通过辛苦劳动就能维持生存时，你便获得了财务自由。在获得被动收入实现财务自由之前，你需要经过长时间的劳动和积累。

每个人的收支水平不同，实现财务自由的标准也不同。从基本的生活需求出发，财务自由大致可以分为十个方面：吃饭自由、穿衣自由、住房自由、汽车自由、旅游自由、医疗自由、教育自由、健康自由、事业自由、养老自由。

我们可以用数字衡量财务自由，设定资产目标，通过提高被动收入，实现财务自由。

（2）财富自由

财富自由是更高阶的精神层次的满足，在范围上是大于财务自由的。财务自由主要指个人现金流通链空间大、弹性好，对价值的定义仅限于金钱；而财富自由的价值包括有形资产和无形资产，即除了物质财富以外，还对精神财富有所要求，对价值的定义更加广泛。

当一个人不用奔波于满足生理需求和建立安全保障时，那么他就有更多的时间获得创造不同人生的机会。

不管是物质财富还是精神财富，都是人类发展过程中不可缺少的重要组成部分。物质财富是大自然赐予人类的一切有形财富，精神财富则是人类的注意力、精力、视野等无形财富。如图 2-1 所示，财富自由包含五个方面。

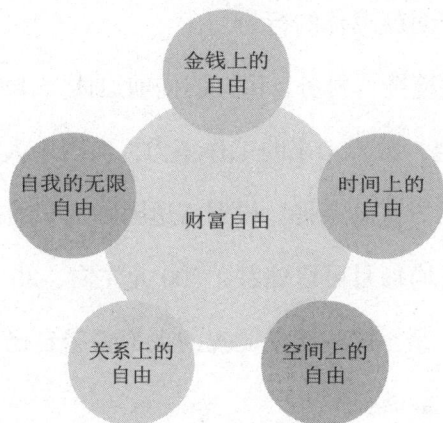

图2-1　财富自由

①金钱上的自由也就是财务自由；

②时间上的自由，不是数量上的自由，而是质量上的秩序，即你知道自己的时间价值，也知道在相应的时间该做的事是什么；

③空间上的自由是指你内在很笃定，不因外在环境的影响而有过多变化；

④关系上的自由是指在全然熟悉的关系上坦诚相待，在相对陌生的关系上泰然自若；

⑤自我的无限自由是指相信自己的人生有无限种可能。

财务自由和财富自由虽然涵盖的范围不同，但两者也是相辅相成、相互促进、相互达成的关系。

2.1.2　储蓄多少资产可以提前退休

随着社会的发展，人们越来越懂得享受生活，甚至有些人还产生了提前退休的念头。从法律上讲，提前退休是指员工在没有达到国家或企业规定的年龄或服务期限时就退休的行为。

现在很多人开始憧憬"财务自由式的提前退休"，即通过资产储蓄提前积攒足够多的养老金，减轻未来的工作压力，实现个人的提前退休，为自己创造自由选择生活方式的条件。根据富达国际发布的报告，2020 年，年轻人（18~34 岁）平均每月可以储蓄 1 300 元左右，35 岁以上的人群平均每月会储蓄约 1 500 元。这些接受调查的人都希望自己可以提前退休，并希望在退休前攒够 150 万元。

当然，这里的 150 万元只是一个参考数据，并不能代表所有人的想法。但可以确定的是，养老问题已经受到了很多人的关注。既然提到养老问题，就必须介绍养老三大支柱。

第一大支柱：国家（养老保险等）。

第二大支柱：企业（企业年金等）。

第三大支柱：个人（商业养老保险、养老储蓄等）。

以前的上班族在退休后主要依靠国家的养老保险，但这通常只能保障其基础生活。有些企业会为员工提供企业年金，这部分钱可以作为上班族的退休保障，但这样的企业毕竟是少数。因此，对于新时代的人们来说，关注第三大支柱就变得非常重要。

我们可以投资基金，也可以购买年金险，不断积累自己手里的资产，为以后的退休生活做准备。如果我们有足够的储蓄，再加上第一大支柱中的养老保险，那么即使提前退休，生活质量也会不错。这里所谓足够的储蓄是多少呢？是前面提到的 150 万元吗？不一定。

每个人对退休生活的理解和憧憬不同，所需要的资产也不同。但无论如何，我们都要保证自己每年都存下一部分年收入，这部分年收入不到万不得已时不动用，这样可以防止自己"管不住手"。不管我们需要为提前退休存多少钱，好的养老储蓄都应该是安全的、专款专用的、定时定量的、稳定、持续且与生命等长的终身现金流。

而且，我们的养老储蓄不应该只包括工资，还应该包括投资股票和基金，以及购买年金险、商业险等产品的收益。只有让自己的资产"全面开花"，把能获得的收益都拿到手，才可以更好地保障自己在退休后有足够多的钱花。

2.2   你的理财观念正确吗

理财可谓方式众多，每种方式都有其相对应的收益率与风险率，总体来讲两者成正比，即收益越高风险越大，风险如果小，收益也不会太高。我们在进行理财时要了解理财，以及做理财的方式，这样才能更好地实现财务自由。

2.2.1   理财与风控息息相关

理财不是简单地投入资金获取收益，而是一种风控技巧。越来越多的人意识到，存在银行的资产的增值速度已经跟不上物价的上涨速度。要让自己的财富保值、增值，需要通过适当的理财方式进行资产管理。在理财业务越来越丰富的情况下，人们的理财需求不断增加，理财市场不断扩大，对资产进行有效管理已成为刚性需求。

当然，在各种理财方式迅猛发展的同时，一些潜在的风险也逐渐暴露出来。这就提醒投资者在理财时应当首要考虑风控问题，而不能只盲目地追求高收益，在理财平台上更要谨慎地做好风控。只有让理财产品的质量和透明度更高，理财"防火墙"更坚固，才有利于化解风险。

投资者需要采取各种措施和方法，消灭或降低风险发生的可能性，以及减少风险对自己造成的损失。以下是控制风险的四种方法，如图2-2所示。

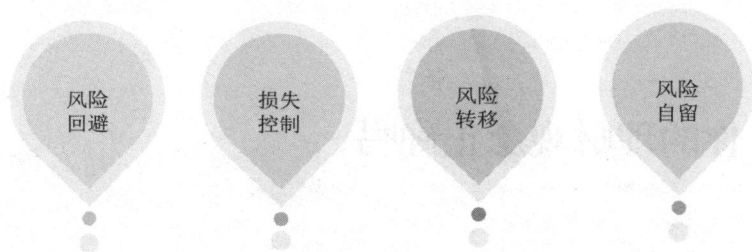

图 2-2　控制风险的四种方法

（1）风险回避

风险回避是指投资者有意识地放弃风险，完全避免特定的损失。这是一种最彻底，但也最消极的方法，因为投资者在放弃风险的同时，往往也放弃了潜在的目标收益。所以，一般只有在以下情况时才会采用这种方法：

①投资者对风险极端排斥；

②存在可实现同样目标收益的其他方案，其风险更低；

③投资者无能力消除或转移风险；

④投资者无能力承担风险，或承担风险得不到足够的补偿。

（2）损失控制

损失控制是指投资者制订计划和采取措施以降低出现损失的可能性或

减少实际损失，包括事前、事中、事后三个阶段。事前控制的目的是降低出现损失的概率，事中与事后控制主要是为了减少实际损失。

（3）风险转移

风险转移是指通过契约将出让人的风险转移给受让人承担的行为。风险转移有时可以大大降低投资者的风险，其主要形式是合同转移和保险转移。

①合同转移是通过签订合同将部分或全部风险转移给其他投资者。

②保险转移是现在使用最广泛的风险转移形式。

（4）风险自留

风险自留即自己承担风险。也就是说，如果损失发生，投资者将以当时可利用的任何资金进行支付。风险自留包括无计划自留、有计划自我保险。

①无计划自留是指当损失发生后，投资者利用自己的收入弥补损失。当投资者没有意识到风险并认为损失不会发生，或将意识到的与风险有关的最大可能损失显著低估时，就需要采用无计划自留的方式承担风险。如果实际损失远远大于预计损失，那就很容易出现资金周转困难的情况。

②有计划自我保险是指投资者在损失发生前进行资金安排以确保自己能及时获得资金补偿损失。投资者可以通过建立风险预留基金的方式实现自我保险。

2.2.2 理财≠无节制省钱

对于省钱的态度，在生活中能见到两个极端。一类人无视省钱的作用，只要工资一到手就花光，最常说的一句话是"钱是赚来的，不是省来的"。

如果消费的速度大于收入的速度，那么财富还是无法增加，也就更谈不上理财了。

与无视省钱的作用相反，另一类人则是过于节省，看到喜欢的衣服不敢买，高档一些的餐厅不敢进，平时不舍得吃、不舍得穿、不舍得玩。我们可以适当地节制消费，将它转化为储蓄以确保自己拥有更无忧的生活。但如果这样的生活要以牺牲此刻的乐趣为代价，那么我们不仅难以实现财富飞跃，也丢失了本该有的幸福感与满足感。

省钱固然是一种好的品质，但正确的消费观念不是无节制地省钱，而是想花的钱可以花，在花钱时保持理智，追求最高性价比，避免冲动消费。

很多人在理财时最直接的做法就是省钱，认为省钱就是理财。其实，在财务规划中，最重要的是了解自己的财务状况、目前的理财目标和风险。理财并不意味着节衣缩食，而更像是一场追求生活品质的比赛。在这场横跨一生的比赛中，我们首先要做的是重塑理财观念。

理财是一套完整的体系，主要包括六大方面：赚钱、用钱、存钱、借钱、省钱和护钱。省钱只是其中的一个方面。钱只有流动才能产生价值，真正的理财是让花出去的每一分钱都产生更大价值。所以，学会有技巧地花钱是更重要的事。

在理财过程中，最重要的一个原则是节流不忘开源。所谓节流，通俗地讲就是省钱，省钱要在合理的范围内，而不能无节制。开源就是开辟新的赚钱渠道，其中最常见的是理财。了解理财的正确做法，规避前人走过的弯路，在不同的阶段用科学的方法和恰当的工具找到更适合自己的理财方式，才能够让我们真正驾驭金钱。

理财不是无节制地省钱，降低自己和家人的生活品质；也不是过度消费，不考虑以后的生活状况。要想通过理财改变现在和未来的生活，最重要的就是转变固化、陈旧的观念，根据自身实际情况进行合理选择。

在理财中，除了无节制省钱以外，我们还容易存在以下误区。

（1）收入增长，不需要理财

很多人认为自己的收入增长了，财富也增长了，便产生了这样的想法：既然我的银行卡里有很多钱，为什么还要理财呢？在通货膨胀的影响下，纵使银行卡里的钱增多了，我们的购买力也会下降。这意味着，我们的收入增长实际上并不等同于财富增长。在当今复杂多变的经济形势下，只靠银行储蓄已经不能有效保证资金的保值、增值，合理的资产配置才更重要。

（2）资产较少，不需要理财

很多人对理财有所抗拒，认为自己手中没有太多钱，没有必要花费时间理财。实际上，每个家庭都需要理财规划。因为理财的目的之一是养成合理分配资金的习惯，避免出现资金链断裂的紧急情况。对于收入不高、存款不多的家庭来说，第一步要做的就是规划消费，对资产有清晰的认识，制定合理的目标。虽然目前余钱不多，但这恰恰是我们练手的好时机。

（3）过分关注短期利益，不着眼于长远规划

过分关注当下现状，缺少长期的财务规划与思考是理财中的大忌。很多新手理财者往往只考虑眼前，缺乏对理财的长远规划。例如，一些刚刚结婚的年轻人可能没有考虑过子女的教育问题、父母的养老问题。殊不知，孩子的教育开销高峰期正是自己积攒养老金和父母医疗费用激增的阶段。如果没有提前做好规划，那么等到要花钱时便会手足无措，很可能导致中年危机。从理财角度看，人的一生可以分为不同的阶段，在每个阶段，人的收入、支出、风险承受能力与理财目标各不相同，理财的侧重点也应该不同。

（4）关注高利息，忽视高风险

理财讲究收益，更讲究安全。在确保资产稳定增长的情况下理财，才是可靠的做法。一些人只想靠投机赚一笔钱，实际上这是一种赌博行为，很可能会造成损失。

（5）把理财等同于投机

理财和投机有本质的区别。理财作为一种投资行为，是通过适当的资产配置，在确保资产稳定增长的前提下追求长期而可持续的收益。投机则是一种赌博行为。理财是我们实现美好生活的工具，其意义在于平衡人生各阶段的收支。

2.2.3　在投资中，收益与风险并存

目前在投资迅猛发展的同时，一些潜在的风险也逐渐暴露出来。我们在进行投资前一定要明确的一点就是，一切投资都存在一定程度的风险，高收益通常与高风险相伴相生。

每种投资都存在不同程度的风险，在投资前有必要充分了解理财产品各方面的情况，并根据自己的理财目标想清楚自己的生活现状与资产情况允许自己承受多大的风险。理财是对财产进行配置和管理，寻求的是财产的保值和增值，偏重长周期和稳健。任何不考虑风险、只关注回报的理财方式都是不可取的。风控是理财的基础，更是理财的保障。

最好不要把很可能会用到的钱拿去投资，也不要把用于支付房租、购买生活必需品的钱拿去投资。例如，如果你正在为6个月后的度假存钱，那么用这笔钱投资股票也许就不是明智之举，因为投资股票的风险较高，股票价格可能随着时间而波动。

尽管你可能不必太节省就能迅速存够了度假用的钱，但也有可能因为股价大跌导致投资失败，而不得不推迟度假。当了解了自己的理财目标和理财产品的类型，考虑清楚了自己的风险承受能力后，我们就可以开始投资了。

如果你能够承受中高程度的风险，那么股票就是不错的选择。一般而言，与小公司相比，发展较好的大公司的股票更稳定。例如，投资一家小型制药公司的风险将会比较大，而投资如格力、美的这类现金流稳定，并且市场份额很有竞争力的大型企业，风险则要小得多。

如果你没时间，不方便购买股票，或无法承受股票的风险，那么不妨考虑投资基金。如果你需要实现中长期理财目标，那么基金就非常适合你。但是，这类投资比较"慢性子"，你需要长久地观察投资情况，以确保基金的表现符合你的期待。你可以先了解基金，然后通过网上交易商购买，也可以到当地银行或找理财顾问购买。

债券适合愿意承担较低风险的个人投资者，他们更注重保本，偏爱低增长却收益稳定的投资。值得注意的是，债券在任何投资组合中都占有一席之地，是平衡投资组合、降低风险的一种有效手段。

如果你的理财组合涵盖了股票、基金、债券等不同类型的理财产品，那就可以在一定程度上分散投资风险。即使理财组合中有一部分或几个部分出现问题，投资总值出现亏损的可能性也比较低。这种投资方法叫多样化投资。

例如，一份针对退休人员的理财规划可能涵盖好几种理财产品，包括持有基金、购买股票、开设储蓄账户、配置年金资产等。在这种情况下，基金的长期增长潜力也许就可以弥补某只股票出现的亏损。我们在制定理财规划时要深思熟虑，不妨以 SAVED 方法（停、问、核、估、判）为指导，如图 2-3 所示。

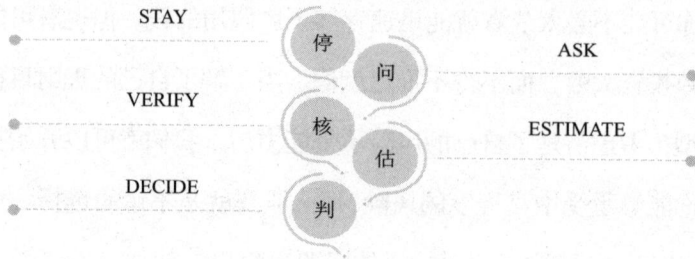

图 2-3　SAVED方法

（1）"S"，即"STAY"，停。我们在做任何决策前都要停下来给自己时间思考，不要被销售人员、经纪人等从业人员的游说影响。

（2）"A"，即"ASK"，问。考虑理财规划将涉及哪些费用，如纳税、费用、维护支出等，以及相应的风险。我们一定要充分了解这个理财规划可能会出现最糟糕的情况。

（3）"V"，即"VERIFY"，核。核实一切信息，以确保信息准确、可靠。

（4）"E"，即"ESTIMATE"，估。估算购买理财产品需要花多少钱，将其纳入总预算。

（5）"D"，即"DECIDE"，判。判断理财规划是否合理，慎重做出最后选择。

2.2.4　复利积累：开启滚雪球模式

理财中有一个非常重要的概念——"复利"，也就是通常所说的滚雪球。复利是投资的基本原理，要求我们把投资收益重新投入本金，继续生息，长期坚持下来，看似不起眼的利率将会积累成丰厚的收益。

在整个投资过程中，时间是一个对结果影响非常大的因素，复利越往前越不起眼，越往后才越有威力。所以，投资越早越好，我们很难改变初始资金，但关于投资期限，我们可以选择早点开始。在投资时，我们要有耐心，不能将目光仅仅着眼于当下的收益，而要观测长远的发展可能，复利法则揭示了复利积累的重要性，如图 2-4 所示。

$$1.01^{365} \approx 37.8 \quad 1.02^{365} \approx 1377.4$$

图 2-4　复利积累的力量

复利投资就像滚雪球，雪球在坡道上越滚越快、越滚越大。芒格曾说："我们既要理解复利的重要性，也要理解复利的艰难性。"滚雪球看起来简单，但首先要找到数量刚好的雪以及足够长的坡道。

在实际情况中，我们难以拥有一笔足够多的并且可以坚持一直不动用的资金，也难以找到持续稳定不出意外的收益项目，更难以将时间战线拉得足够长远。因此，除了单一的金钱投资之外，我们也应当不断充实自己，进行心态、经验和知识的积累。这样不但让我们有钱的复利，还让我们有"知识复利"，有利于我们为自己不断增值，开拓更大的发展空间。

第 3 章

财富管理意识：像成功人士那样思考

雷纳·齐特尔曼在《富人的逻辑》一书中总结了成功人士的普遍思考方式，主要有五点：一是找到竞争少但有可能赚大钱的路径；二是抓住机遇，管理风险；三是给自己定一个宏大的目标；四是诚实，建立他人对自己的信任，爱惜自己的"羽毛"；五是节俭。"想法的质量是成功的关键因素"，最终决定我们在一件事上是否能拥有成就的要点，就在于我们拥有的思维体系是否成熟与完整。因此，理财中非常重要的一点，就是建立财富意识，像成功人士那样思考。

3.1　用正确的态度对待金钱

对待金钱的态度和观念向来是仁者见仁，智者见智。金钱本身其实是中性的，从经济学角度出发，金钱只是一种购买力的凭证。从历史角度出发，从以物易物到货币媒介易物，金钱见证了历史的发展和时代的变革。人类对金钱的感情大多是不同个体与文化附加给它的。

其实在生活中，金钱只是我们寻求美好生活的一种工具，而不是判断我们是否幸福的唯一标准。我们只需保持客观的心态，将其作为一种工具充分利用，尽可能发挥其效益最大值。

3.1.1　金钱虽然重要，但应克服不良情绪

在如今的社会环境中，人的安全感来自物质富足和精神富足两个方面，单纯的物质富足或者单纯的精神富足都不能给人带来安全感。

在物质上努力寻求安全感，追求更好的生活本身没有任何问题，对财

富的渴望能让我们保持对学习与奋斗的激情，帮助我们将思维保持在活跃的状态，从而获得进步。但在这个过程中，我们要时刻注意自己的心态，不要陷入患得患失的情绪。

那么，我们怎么做才能克服患得患失的情绪呢？

（1）明确自己的目标

我们要知道自己真正需要、真正等待的机会是什么。投资市场上的每次行情波动都有可能"柳暗花明又一村"，市场最不缺的就是机会，但不是所有机会都能够被我们把握住。如果你没有明确自己的目标，那么害怕错失机遇的心理就会时刻诱惑着你，打乱你的阵脚，令你失去方向。

（2）不要幻想一夜暴富、日进斗金

拥有这种想法的人其实在无形中加大了自己的压力。在理财中，我们应该追求稳定盈利，而不是每笔交易都能够赚钱。

（3）不要时时刻刻紧盯交易

除非你是短期投资者，否则长时间关注行情波动会让你产生机会稍纵即逝的感觉，导致你的情绪随着价格一起波动，这样很容易使你丧失客观的判断能力。如果你还没有搞清楚背后的规律，就频繁做出冲动的决策，容易导致损失。除了交易之外，寻找一些其他的业余爱好可以帮助你分散注意力，平稳心情，减轻等待过程中的煎熬。

（4）树立正确的交易价值观

很多人都习惯一开始就以盈利的多少来衡量自己的交易是否成功，对投资抱有很大的收益期待。患得患失在很多时候都是源于交易者对高回报率的执念，要摆脱这种执念，投资者首先需要将自己的心态放平，提醒自己"不亏钱便是赚钱"，树立正确的金钱观，不为暂时的失败而懊恼，耐心等待下一次机会出现。

（5）练就扎实的基本功

良好的心态固然重要，但我们要想成功，技术和心态缺一不可。投资者要建立相对成熟完整的交易系统，研究技术，提高自己的判断能力。否则，你等待的机会都是错误的，又谈何盈利。要想抓住正确的机会，投资者就需要具备扎实的理论基础，并且学以致用，通过实战加深对自己所学知识的理解，选择成功率最高的交易策略。久而久之便能形成自己的系统，明白什么样的机会才是自己应该把握的。

（6）轻仓交易，控制风险，优化资金配置

很多交易中的心态问题都是源于资金管理不当。投资者在某个交易上投入的资金过多，占投资总资金的份额过大，使其对风险的承受能力降低。仓位减轻以后，一两笔交易的亏损对投资者而言完全在承受范围内，自然不会为其带来很大的心理压力，从源头上解决了很多心态问题。虽然这样会减少收益，但也会大大降低投资风险。

3.1.2　善用银行思维进行风险转移

罗伯特·清崎在《富爸爸财务自由之路》中提出过这样一个观点：我们要做银行，而不是做银行经理。

在银行的世界里，一个很重要的思路就是转移自己的风险。这提醒我们在借债时要十分谨慎。如果是个人借债，那么必须确保数额较小；如果是借大额债务，那么必须确保自己未来有能力支付，或者可以找到别人替自己支付。

转移风险简单说就是一些单位或个人为避免承担损失，有意识地将损失或与损失有关的财务结果转嫁给另一些单位或个人承担。转移风险的方式一般可以分为非保险转移和保险转移两种。

非保险转移就是通过订立经济合同将风险以及与风险有关的财务结果转移给别人。在生活中，常见的非保险风险转移有租赁、互助保证、基金制度等。

保险转移是通过订立保险合同将风险转移给保险公司（保险人）。个体在面临风险时，可以向保险人缴纳一定的保险费，将风险转移。一旦预期风险发生并且造成了损失，则保险人必须在合同规定的责任范围内进行经济赔偿。

由于保险存在许多优点，因此，通过保险转移风险是最常见的风险管理方式。需要指出的是，并不是所有风险都能够通过保险来转移，因此，可保风险必须符合一定的条件。

可保风险仅限于纯风险，即只有损失可能而无获利机会的风险。纯风险成为可保风险必须满足下列条件：

（1）损失程度较高；

（2）损失发生的概率较大；

（3）损失具有确定的概率分布；

（4）存在大量具有同质风险的保险标的；

（5）损失的发生必须是意外的；

（6）损失是可以确定和测量的；

（7）损失不能同时发生。

如果我们想成功，那就要 5% 用眼睛、95% 用大脑来观察事物。了解法律和市场对财务的影响至关重要，财富的巨大转移通常出现在法律和市场发生变化时。因此，如果你想让这些变化为你的利益工作而不是针对你，那么小心警惕是很重要的。除了拥有转移风险的思路外，我们还要精准把握大环境的变化，提前感知市场动向。

市场的形成与发展离不开社会生产力和社会需求的推动，在其发展过程中，更是离不开政府和法律的引导。市场就像一辆行进中的汽车，法律就是这辆汽车上的司机，承担着把握大方向领路人的职责。

3.2 存钱与负债的区别

前面多次提到，理财的要点在于培养成熟的思维体系，而成功人士最大的优点就在于理财思维的完整与成熟，以及对待金钱的态度与方法。他们总是会想办法让资金流动起来。

3.2.1 负债可以引发财务杠杆效应

经济学中的财务杠杆是指通过负债将社会资源集中起来，将其投入生产领域并从中获得回报。利用财务杠杆进行理财是一种高段位的理财技能。在投资、创业、消费等领域，有很多基于财务杠杆的融资方法和工具，可以使理财者达到事半功倍的效果。

很多人都认为无债一身轻，总是将债务与疾病、游手好闲联系在一起。他们在听到"借钱"两个字后的第一反应都是回避。对于他们来说，负债是一个贬义词，但事实上，负债并没有那么可怕。

随着金融领域的发展与完善，我们在购物、旅行甚至投资时可以选择的借钱渠道也越来越多。在控制成本和风险的基础上，合理规划和使用融资工具，理性借钱举债有助于我们提前实现梦想、积累资产，并降低创业门槛。

大部分人理财思维比较保守，都是先积累资产，等筹集到一定量的财富后再购房、买车，进行各种投资是常见的生活模式。而还有很多人青睐的生活模式则是在具备经济基础的条件下，以举债的方式获得更多资金，即提前消费，甚至"借鸡生蛋"。但其实，在风险可控的情况下，提前消费或"借鸡生蛋"也未尝不可。

信用经济越来越发达，购房、购车、购物甚至旅游都可以通过负债提前实现。信用卡免息、信用卡分期、银行消费贷款、汽车金融贷款等负债工具出现在生活中，可供我们选择的空间越来越大。以时下流行的信用卡消费为例，持卡人在善用免息期的前提下，无须申请就可以轻松提前消费。因此，信用卡消费非常适合应对日常开销。

物理学家通过杠杆原理发明了滑轮，使人们能花较少的力气提起更重的东西。同理，善用财务杠杆的人距离财富也比其他人更近。在财务杠杆的作用下，成功不再局限于自己手中的有限资本。只要我们获得的回报高于投资成本，那么负债也可以成为一笔"好生意"。

3.2.2　博傻理论：让资金流动起来

在投资中，有一个著名的博傻理论。博傻理论是指投资者在资本市场中不在意一件产品的真实价格，反而愿意花高价购买，这主要是因为，他们害怕会有其他人愿意出更高的价格将产品买走。因此，这个理论告诉投资者，有风险并不可怕，只要自己不是最后一个将产品买走的人就好。

博傻理论揭示了投资背后的意义：投资者需要确保会有下一任买家从自己这里买走产品，让资金在市场中流动起来，这样自己就会成为赢家。博傻行为分为理性博傻和感性博傻，前者在知道博傻理论的情况下自主进入市，时刻准备通过快速投资获得利润；而后者在不知情的情况下进入市场。

投资者如果能够抓住机会在价格波动中获取收益，就为社会创造财富。而机会一旦错过，投资者的财富不仅不会增加，还有可能比之前更少。要想成为一个具有竞争力的投资大师，并且依靠投资维持生计，努力是必备条件之一。

对于经常亏钱的投资者和初入行的投资学徒来说，以下几个忠告非常实用。

（1）在进入股市之前一定要为自己设置切切实实的止损盘，不能自欺欺人。入市的交易单只有伴以离市的止损单，才能保证自己在一定价位立即斩仓离场。就算刚入市五分钟，只要你感到危险来临，也应该毫不犹豫地平仓，即使他人认为你的做法有问题也在所不惜。

（2）专家的建议没有必要完全听从。四处寻求建议的做法会使自己的信心下降，从而变得畏首畏尾，使自己的交易系统不能保持前后一致，最终因三心二意而输得莫名其妙。

（3）必须限制入市买卖的次数。常言道"上得山多终遇虎"，做得越多出错的可能性越大。投资者应当把握最好的机会，等到时机成熟时再放手入市。投资者成功的关键就在于能否守株待兔地等待入市时机。

（4）投资者可以通过对账户净值进行每日画图了解自己的交易状态。为了确保自己能够在市场里生存下去，必须时刻保持警醒。当你对自己的投资事业感到迷茫时，应当暂时离开市场，等到恢复精力后再加入"战斗"。

第 4 章

理财法则：资产配置与增值

如今，理财产品和理财方式层出不穷，人们对资产配置与增值的要求也比之前更高，理财似乎正在变得越来越复杂。这意味着我们要掌握理财法则，用正确的方式和实用的技巧进行理财规划，才能让自己获得更丰厚的回报。

4.1 为什么要对资产进行配置

在进行资产配置时可以将资产分成四个账户，这四个账户的作用不同，投放渠道也各不相同。只有拥有这四个账户，并且按照固定合理的比例对其进行规划，才能保证资产长期、持续、稳健地增长。

4.1.1 平衡风险与收益

收益与风险是并存的，两者相伴而生。一般来讲，收益高则风险大，风险小则收益低。很多人都认为在投资中，股票的收益更高。但统计发现，在股票投资者中，真正盈利的一般只占 1% 左右。而且，一旦投资决策出现错误，这些人在股价下跌时，也会损失惨重。

"投资有风险，入市需谨慎"绝不是危言耸听。当然，股市的投资如此，其他项目的投资也是这样。收益和风险形影相随，收益以风险为代价，风险用收益来补偿。投资者投资的目的是得到收益,但又不可避免地面临着风险。

那么，应该如何认识和平衡收益与风险的关系呢？这就需要我们掌握收益和风险的种类，并据此制定合理的策略。

收益主要有以下三类。

（1）随机收益

随机收益主要由随机的突发事件产生。既然具备随机性，那么收益就可能有正有负，运气也可能有好有坏。在单次收益中，随机收益有时会起主导作用，但如果扩大投资范围、拉长时间线，那么随机性在其中所起的作用就会越来越小。

（2）贝塔收益

诺贝尔经济学奖得主威廉·夏普曾经在发表的一篇论文中将资产收益拆分成两部分：和市场一起波动的部分称为贝塔收益，不和市场一起波动的部分称为阿尔法收益。

贝塔收益是一种被动收益，也就是承担市场风险所带来的收益。这种收益一般不需要通过选股获得，而是随着业绩基准（如大盘）的起伏获得。

（3）阿尔法收益

阿尔法收益＝资产收益－贝塔收益。该收益和市场波动无关，是需要通过基金经理运用财产管理、选股等方式获取的超额收益，是真正宝贵和值钱的收益。

市场上大多数基金追求的就是阿尔法收益。例如，某基金经理通过精选沪深300成分股里的股票，从中挑出了100只更好的股票，每年收益率能跑赢沪深300指数10个百分点，这10个百分点就是阿尔法收益。对于投资者来说，在承担同样风险的情况下，能获得阿尔法收益是再好不过的了。

投资者需要注意的是，即使阿尔法收益为正，最终的总收益也不一定为正。例如，假设基金经理跑赢了沪深 300 指数 10 个百分点，但当年沪深 300 指数跌了 20 个百分点，那么最终的总收益还是为负。

在投资中，当面对不确定的风险时，必须用高收益对其进行补偿。但高风险并不一定能带来高收益，我们得到的最终收益可能比期望收益高，也可能比期望收益低。而且，风险越高，最终收益偏离期望收益的可能性就越大。如果我们没有对投资的随机性有了解，那么往往就会只看收益，而忽视风险。

风险主要有以下两类。

（1）非系统性风险

非系统性风险通常是指个别企业或行业产生的风险，也被称为微观风险。这种风险很难被预见，将投资分散是应对它的有效方法。从理论上来说，持有市场上所有股票就可以完全消除非系统性风险。在实践中，一般持有几十只来自不同行业的股票就可以消除绝大部分非系统性风险。

（2）系统性风险

系统性风险也称市场风险，是指市场波动对证券价格的影响。因为所有证券都受到影响，所以通过将投资分散的方式无法解决系统性风险。

系统性风险与贝塔收益相对应。如果你承担了较高的系统性风险，那么就可以获得较高的贝塔收益；同理，较低的系统性风险也意味着较低的贝塔收益。如果市场上没有阿尔法收益，而你又不想承担系统性风险，那么你能做的就是把钱存在银行或买国债，以获得较低的无风险收益。如果你可以获得阿尔法收益，但又不想承担系统性风险，那么就用金融衍生品进行对冲，消除系统性风险，只留下阿尔法收益。

收益与风险是一对"孪生兄弟"。投资者必须明白在投资过程中，自己收益多少就可能亏损多少。因此，如果你想做高风险的投资，那么就一定要用自己的闲置资金，保证即使亏损也不会影响正常生活。

4.1.2 将资产分类，理财更科学

对于很多人来说，如何合理配置自己的资产是一件麻烦的事。在保证生活质量的同时让自己的钱不断增值，还要确保在突发事件发生时自己有足够的能力应对，需要科学的理财方式。要达到这个目的，最有效的方法是提前为自己的资金分好类，放在不同的账户中，专款专用。而且，针对不同性质、不同用途的资金，我们要采用不同的理财方式。

标准普尔（知名信用评级机构）把资产分为四个账户，如图 4-1 所示。

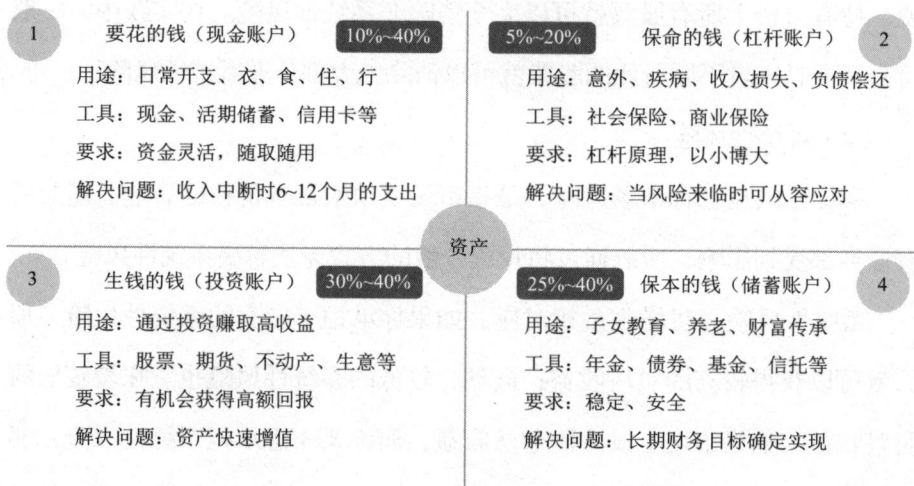

① 要花的钱（现金账户） **10%~40%**
用途：日常开支、衣、食、住、行
工具：现金、活期储蓄、信用卡等
要求：资金灵活，随取随用
解决问题：收入中断时6~12个月的支出

② **5%~20%** 保命的钱（杠杆账户）
用途：意外、疾病、收入损失、负债偿还
工具：社会保险、商业保险
要求：杠杆原理，以小博大
解决问题：当风险来临时可从容应对

资产

③ 生钱的钱（投资账户） **30%~40%**
用途：通过投资赚取高收益
工具：股票、期货、不动产、生意等
要求：有机会获得高额回报
解决问题：资产快速增值

④ **25%~40%** 保本的钱（储蓄账户）
用途：子女教育、养老、财富传承
工具：年金、债券、基金、信托等
要求：稳定、安全
解决问题：长期财务目标确定实现

图 4-1 标准普尔账户

第一个账户：要花的钱，用于短期消费，占资产的 10%~40%。

第二个账户：保命的钱，用于意外重疾保障，占资产的 5%~20%。

第三个账户：生钱的钱，重在获得高收益，占资产的 30%~40%。

第四个账户：保本的钱，重在安全、稳定和长期，占资产的 25%~40%。

第一个账户是现金账户，这部分钱包含 6~12 个月的生活费，供我们随时使用，购物、旅游等都从这个账户支出。它主要用于短期消费，特征是金额小、频率高、有需要时必须能随取随用。因此需要把它放在一个安全的、流动性强的地方，如余额宝这类货币基金或短期银行理财、活期储蓄等。

每个家庭都一定会有第一个账户，但容易出现的问题是其所占比重过高。我们在分配资产时应该特别注意这一点。

第二个账户是杠杆账户，也就是保命的钱，专门用于防止突发大额开支，保障在家庭成员出现意外事故、患上重大疾病时有足够的钱来应对。这个账户需要帮助我们应对不可预见的风险，特征是使用频率低，也许一生都很难使用一次。我们平时很难会一直留一笔大金额的钱去防范这种不可预见的风险，这就需要我们必须充分利用杠杆。

那么，我们应该用什么做杠杆呢？答案是保险。保险能帮助我们以小博大，即平时不占用太多钱，等到我们需要时又可以获得一大笔钱。我们只需要每年花较少的钱买保险，万一将来发生了不可预见的风险，至少可以有钱应急。

前面两个账户，我们已经可以保证全家人的基本生活了，但很难让生活水平实现质的飞跃，为自己带来额外的财富。如果想要资产大幅增值，我们应该做一些投资，也就是让钱生钱，追求高回报。

第三个账户是投资账户，这个账户为我们创造高收益，通过有风险的投资使我们获得高回报。投资者通过智慧，用最擅长的方式为自己赚钱，包括投资股票、基金等。这个账户的作用是获取高收益，重在高回报，但我们也要考虑自己可以承受的风险。

如果我们对投资不太熟悉，那么就可以选择有第三方担保公司提供担保、资金安全性高、收益合理的理财平台。这个账户的关键在于占比合理，也就是既要赚得起钱，又要亏得起钱，无论盈亏都不能对家庭产生致命的打击，这样才能让我们从容地生活。

第四个账户是储蓄账户，也就是保本的钱，主要用于家庭成员的养老、教育等。这个账户的特点是保本升值，即一定要保证本金不能有任何损失，而且还要抵御通货膨胀的影响，确保收益长期稳定，让资产做到稳健增值。

它和第三个账户的区别在于，后者以追求高收益为目标，波动大，风险较高，前者则以应对通货膨胀为目标，期限更长，收益更平稳，风险较低。第四个账户的钱可以投资债券、偏保本型理财产品，也可以选择安全程度比较高的年金、信托等作为投资主力。

在具体实践中，可以根据自己的财产状况以及风险承受能力对这四个账户的钱进行更合理的划分。

4.2 如何让资产稳步增值

对于需要理财的人来说，让资产稳步增值是当务之急。在进行这项工作时，我们要合理安排自己的资产，使用正确、实用的理财工具，并坚持分散投资。

4.2.1 根据需求期限安排资产

在制定资产配置方案时，我们必须合理安排资产结构，在即时消费和未来收益之间寻求平衡。在投资时，首先应当夯实第一个账户的基础。这部分钱是取用频率最高、需求期限最短的，因此，我们必须保证其灵活性，将其存放在流动性好的地方。

其次，我们要重视第二个账户。这部分钱的取用频率较低，需求期限难以固定，需要我们提前做好准备，以最大限度地降低突发事件对彼时现金流的影响。例如，购买商业医疗保险能够减轻我们的医疗费用压力，让我们更好地应对突发事件。

第三个账户的钱的取用频率很低，需求期限长，除非发生意外，否则基本不用于其他用途。我们可以用这部分钱购买理财产品，但需要考虑理财产品的期限长短。如果我们有资金流动性需求，那么就购买短期理财产品；如果我们手握三五年内都很难用到的长期闲置资金，那就购买长期理财产品。但是，无论选择长期理财产品还是短期理财产品，我们都应当注意平衡收益与风险，尽量将资金投入到自己的风险承受能力范围之内及流动性较强的理财产品。

第四个账户的钱的取用频率和需求期限比较固定，均在我们可以预估的范围内，存在突发状况的可能性较小。投资者可以根据子女教育、养老等人生中的重要事项对这部分钱分批次地进行投资。

在理财时，懂得合理规划自己的资产非常重要。无论你的收入高低、存款多少，只要对资产进行合理规划，就能找到适合自己的理财方式，实现财富增值，甚至财务自由。

4.2.2　选择合适的理财工具

理财工具即投资者在进行理财时运用的股票、储蓄、基金等的总称。

任何理财工具都是为理财目标服务的，二者应保持一致性。这样在安排资产时就可以知道资产的安全性、收益性和流动性是否合理，是否符合理财目标的实现之需。

在选择理财工具前，我们需要理智地思考：我的理财目标是什么？我要达到什么目的？我应该选用何种理财工具？只有这样，我们才能够做到科学理财、合理规划资产。根据不同的特点与需求，理财工具可以分为四类，如图 4-2 所示。

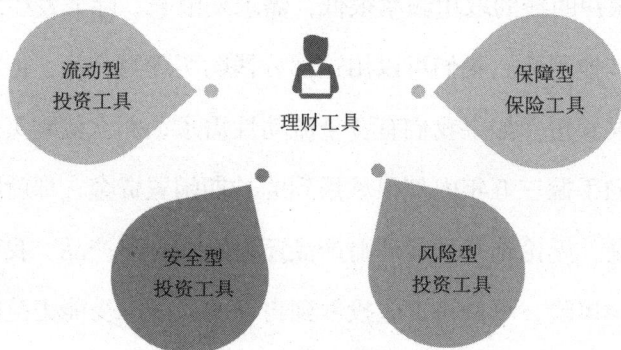

图 4-2　理财工具分类

（1）流动型投资工具

流动型投资工具主要包括活期储蓄、短期定期储蓄、短期国债、货币基金、短期保本型银行理财产品、短期保本型券商理财产品、短期保本型信托产品等。其特点是不会损失本金，但收益率比较低。

（2）安全型投资工具

安全型投资工具主要包括中期储蓄、中长期国债、债券型基金、社会养老保险、年金险等。其特点是风险极低，收益适中且有一定的保障。

（3）风险型投资工具

风险型投资工具主要包括股票、混合型基金、指数基金、房地产（房地产投资信托基金）、外汇、非保本型银行理财产品、非保本型券商理财产品、非保本型信托产品、收藏品。其特点是可能会亏本，但也可能会带来很丰厚的收益。此类理财工具的目标是以钱生钱，需要投资者承担一定的风险。

（4）保障型保险工具

保障型保险工具通常用于应对难以预料的突发状况，主要包括人身意外伤害保险、医疗保险（社会医疗保险和商业医疗保险）、失业保险（社会失业保险）等。这类保险通常缴费比较低且可以提供保障，受到很多投资者的喜爱。

在资产配置中，我们必须保证理财目标和理财工具的匹配，否则难以达到预期效果。例如，你刚刚结婚，准备生孩子，并计划未来让他出国读书，就可以选择安全型投资工具。如果你选择了风险型投资工具，那么在孩子成长过程中如果有一年经济环境不好，你累积的资产就会大打折扣，甚至最终有可能不得不放弃原来的计划。

在人生的不同阶段，我们的需求与角色会发生转变，这就要求我们在选择理财工具时要注意动态调整各项资产的配比，从而更好地匹配当下的实际情况。

4.2.3　通过分散投资降低风险

财富应该被科学有效地管理，并分散在包括固定收益、浮动收益的各类理财产品中，以确保资金在安全的同时不断增值。这其实就是分散投资的理念。

分散投资也被称为组合投资，是指投资者同时将资金投放在不同类型的理财产品上。实行分散投资的意义就在于降低风险，保证收益的稳定性。分散投资就是增加投资的种类，如我们在购买股票时不要只买一只股票，而是同时购买多只股票。当资金较多时，我们不要只投资单一的理财产品，除了股票以外，基金、黄金、艺术品等都是不错的选择。

分散投资之所以具有降低风险的效果，就是因为各投资标的之间不具有完全齐涨齐跌的特性，而且即使齐涨或齐跌，其幅度也不会相同。当几种投资融合成一个投资组合时，我们获得的报酬是个别投资的总和。当某种理财产品不景气时，另一种理财产品的收益可能会上升。这样各种理财产品的收益和风险在相互抵消后，我们就能获得较稳定的收益。

分散投资的方法一般有以下三种。

（1）产品分散法

投资者要坚持稳健型理财产品和高收益型理财产品分散投资的原则。例如，在选择了银行定存的情况下，投资者还可以将部分资金用于投资黄金、股票等收益比较高的理财产品，其最终目的是分散风险。

（2）时间分散法

我们在投资时需要注意两个方面：一是理财产品的期限尽量保持不同；二是投资时间要错开。不同的理财产品适合的期限和投资时间不同，产生的收益也不同。短期理财产品的资金回笼速度快，长期理财产品的收益较高，二者各有优势，投资者可以根据自身的实际情况进行选择和配置。

（3）收益分散法

不少投资者一味地追求高收益，而忽略一些风险相对较低的理财产品，这样的投资策略往往容易"踩雷"。一般来说，在我们购买的所有理财产品中，高收益的理财产品占比 20% 左右、中等收益的理财产品占比 60% 左右、低收益的理财产品占比 20% 左右是比较合理的布局。

以上这些分散投资的方法能帮助投资者降低风险，提高收益。但是，在分散投资中投资者也有一些应该注意的事项。

第一，不要为了分散而分散，应当合理配置资金，切勿因小失大。

第二，优先考虑理财平台的安全性和稳定性，不要盲目地将资金投入其中。

第三，尽量不要购买自己完全不了解的理财产品。

需要注意的是，在实际投资中，不是投资标的越多就一定越好。根据经验可知，在投资组合里，投资标的增加一种，风险就降低一些；但随着投资标的增多，其降低风险的能力会越来越低；当投资标的达到一定量时，为降低风险而增加投资标的的做法可能会使投资者得不偿失，因为投资者需要付出的精力和交易佣金等费用都会增加。所以，我们在进行投资组合时要把握量的问题。

同时，投资组合并不是投资标的任意堆积，而应当是各类资金合理配置，这就要求我们要把握质的问题。最理想的投资组合是收益与风险相匹配，使投资者在适合的风险下获得最丰厚的收益。

随着投资次数增多，我们面临的风险会降低，但要同时掌握多种理财产品的动向并非易事，资金管理成本也会因此上升。所以，投资者不能只顾着分散风险，还必须衡量分散风险产生的效果能否覆盖资金管理所需要的成本。

第二篇

给要花的钱规划方案

第 5 章

要花的钱：用于支付基础开销

第一部分为"要花的钱"，也就是日常的基础开销。这部分资产通常存放在活期账户中，如一日三餐、上班通勤、购买服饰等基础花销都从中支出。这部分资产最容易出现占比过高的问题，从而导致我们无法配置其他资产。

5.1 摆脱"钱多但不够花"的困境

现在很多人感觉压力很大,挣的钱越多,越感觉钱不好分配。因为他们有太多自己想要的东西,购物节的各种花式营销加上自身缺乏储蓄意识,都让他们难以控制自己的消费欲望。如果他们不改掉赚了钱先盲目消费的习惯,那么赚再多的钱可能也无法满足自己的需求。

5.1.1 别让过度精致和消费自由影响生活

最近出现不少形容年轻人的网络流行词,如"精致穷"等。从"网红爆款"到"潮流单品",这些包装精美的概念正在影响着我们的消费观念。产品也许可以为我们带来幸福感,但绝不是生活的全部意义。追求精致的生活是一件无可厚非的事,但如果自身收入与消费欲望不匹配,往往会影响我们的生活。

消费主义对财务自由进行解构,车厘子自由、星巴克自由等消费自由概念应运而生，使我们在购买这些非刚需的产品时产生了一种成就感。其实，被动式消费在一定程度上堵塞了我们实现财务自由的道路。如果我们沉浸在消费带来的快感中，便会失去投资自己、获得提升的机会。

我们在每次付款前都要重新衡量产品的价值，考虑它是否真的值得购买，自己是否真的需要它。商家努力放大我们的购买欲望，我们在面对明星同款、潮人必备、网红推荐等产品时一定要冷静克制。盲目地追求精致的生活，只会让我们在消费的瞬间得到满足，但随后对日常支出的无力感则会翻涌而来。

"精致穷"原本用于形容年轻人的生活方式，即没有因为赚钱不多而放弃追求精致的生活。现在这个概念已经在消费主义的影响下发生了变化，我们更多的是在为"精致"二字买单。实际上，真正定义"精致"的不应该是消费，而应该是我们自己。我们不应该让虚妄的美好影响自己原本的生活。所以，与其一味地追求精致的生活，不如在自己的能力范围内让自己生活得更好。

"精致穷"本身没有错，它是我们对生活的一种期待，代表即使我们的物质生活匮乏，却仍走在追求自己向往的生活和喜欢的东西的道路上。错的是我们为追求别人定义的"精致"，为获得一时的快感被消费主义裹挟，从而陷入无意识的被动消费。

5.1.2　克服措施恐惧症，拒绝群体意识

一个新的名词"FOMO"（Fear of Missing Out）也被大众熟知，意为错失恐惧症。害怕错过新闻、想拥有别人都拥有的东西、对广泛传播的新闻和热点感到好奇等都是错失恐惧症的表现。各大商家尤其是时尚品牌深谙

此道。例如，耐克的限量款球鞋要排队购买，李宁的各种联名款产品要排队购买，甚至连喝一杯奶茶都要排队，这些现象的背后都是错失恐惧症在发挥作用。

就算我们对某件事不感兴趣，但听到朋友们谈论也会不由自主地去关注它，因为我们不想显得与大家格格不入。相关数据表明，如果我们连续3次看到某篇文章、某个事件，那么我们就会主动搜索。这大概就是大数据时代的表现形式。

在购物方面，我们总是更愿意选择所谓"遥遥领先"的品牌、受到他人认可的品牌。这些消费决策看似都是由我们自己制定的，但实际上不可避免地会受到他人的影响。这源自从众消费和权威崇拜的心理。

很多时候，我们都是以他人作为消费的参照系，愿意购买大家都知道、认同、拥有的产品。我们既害怕自己落后于他人，又害怕自己过于与众不同，最终便选择与他人保持一致。

随着消费不断升级，消费者越来越不在乎哪个品牌运营得最好、哪件产品的销量最高，而在乎自己能否在品牌中获得共鸣，能否通过产品凸显自己的品位和个性。

我们试图通过消费表达自己的渴望、梦想和价值观，希望通过"消费者"这个形象展示自己的生活方式。在这种情况下，我们更容易被群体同化、被商业消费影响。最终，我们跟随他人购物，放纵自己的消费欲望。

这种心理本身没有错，错的是我们盲目地追求别人和自己的认同，陷入享乐主义的泥潭。面对消费主义的"镰刀"，我们首先要学会独立思考，摆脱群体意识，拒绝超越自身实际情况的购物欲望，避免自己成为消费主义者。

5.1.3 培养储蓄习惯，让财产积少成多

如果每个月都能做到少消费 200 元，那么每年就能多出 2 400 元的存款。经过日积月累，两个储蓄观念不同的人的差距会非常大。这种差距不仅体现在资产上，更体现在生活方式和思维方式上。

工作 5 年，小刘从一名普通职员逐渐晋升为公司的中层管理者，月薪已经超过万元。他的收入虽然已经超过了许多同龄人，但始终没有多少存款。其实，他自己也感觉很困惑，他的父母都是退休职工，已经存下许多积蓄。他自己的收入也不低，结果几年下来竟然与"月光族"没有区别。

很多年轻人和小刘的情况相似：收入虽然不低，但始终难以积累财富。实际上，这是因为他们缺乏自我控制力和对未来的规划。在有闲置资金时，他们更愿意将这部分钱用于犒劳自己。每笔开销虽然都不大，但就是这些零零碎碎的费用不知不觉地耗尽了他们的全部收入。

储蓄其实是一种本金意识，是投资的基础。可以说，没有储蓄习惯的人很难做好投资。经济学中有一种名为"哈佛教条"的说法，即将月收入的一部分储蓄起来，利用剩下的钱进行消费。例如，可以将月收入的 10% 存到一个账户上，将这笔钱当作自己的投资资金，利用剩下的 90% 的月收入支付其他费用。

我们不愿意存钱的原因其实是觉得每个月存的小钱不会对储蓄产生很大影响，但当我们坚持一段时间后就会有意想不到的收获。即使每个月只有 4 000 元的收入，如果可以将其中的 400 元储蓄下来，那么一年后也会拥有近 5 000 元的存款。

储蓄其实是对未来的投资，要想积累财富，重要的不是我们获得多少钱，而是我们将多少钱用于储蓄。建立合理的储蓄意识可以帮助我们迅速积累资本，跳脱原始积累阶段，快速走上财富之路。

5.2 你是不是经常冲动消费

互联网与科技的发展影响了我们对价格的感知，让每一天都成为代号不同的购物节。购物节的"折扣"是主要的流量入口，无数消费者带着购买欲望慕名而来，在商家的引导下购买大量可有可无的产品。在消费激情褪去后，他们才看清这些产品的真正价值。我们在购物节上购买的产品真的都是我们需要的吗？这个问题值得每个人深思。

5.2.1 "双十一"是省钱还是费钱

不知道从哪一年开始，"双十一"变成一个全民购物狂欢日，大多数人会选择在这期间购物，都是为了省钱。但近几年，随着商家的优惠策略越来越复杂，购买优惠产品的难度也随之增加。我们不禁会想：自己真的在"双十一"省钱了吗？

实际上，许多人已经发现，许多商家会在"双十一"前将产品的价格上调，所谓的优惠价格实际上会持平，甚至略高于平时的价格。同时，各类满减优惠券及购物津贴也未必划算。例如，一张"满 400 元减 50 元"的津贴需要多件产品累加购买才能使用。这时，如果只需价值 300 元的产品，那么我们很可能会为了满足这张津贴的使用条件而购买一些自己并不需要的产品。就是这种消费心理导致我们的消费超出预期。

不仅如此，很多人在 9 月就开始为"双十一"做准备，目的是购买真正划算的产品。但这种心理会让我们不由自主地添加许多产品，这些被遏制的消费欲望也会在"双十一"期间爆发。

许多带货直播间的忠实粉丝被主播精心设计的场景吸引，仿佛只要使用主播推荐的化妆品，自己就能成为时尚的精致女孩。等到冷静下来，她们才意识到自己陷入了消费主义的陷阱。不是购买高端的产品就能过上高端的生活，恰恰相反，如果我们经常过度消费，那么现实生活与理想生活的差距只会越拉越大。

陈小姐在清理储物柜时意外翻出几年前购买的产品。在她购买的十几瓶洗衣液中，4 瓶生产于 2018 年，4 瓶生产于 2017 年，甚至还有 3 瓶生产于 2016 年。此外，3 瓶未开封的防晒霜已经全部过期。她感觉自己一直在和保质期"赛跑"，却好像从来没有赢过。

近几年，优惠活动逐渐从"加减法"升级为"奥数题"。红包功能也被分成超级红包、红包加码、惊喜红包、订阅红包、天天开彩蛋、分享开宝箱等多个类别，还有跨店满减、定金膨胀等各种算法。

实际上，现在很多年轻人都热衷于购买低价产品，这些产品虽然都不贵，但累加起来也是一笔不小的开支。我们很容易陷入购物误区，如觉得购买便宜的产品更省钱，甚至会因为便宜而购买大量产品，结果反而造成浪费。

这些用于凑单的低价产品有的被直接扔掉，有的很快损坏，有的依然摆在家中浪费空间。如果我们不被"双十一"等优惠而影响，按照自己能够承受的生活条件把低价产品全都换成自己真正需要的产品，那就可以节省一笔开支。

5.2.2 警惕羊群效应，不做后悔的"尾款人"

羊群效应将群体情绪转换为购买欲望，我们在享受购物带来的快乐的同时，也不知不觉地陷入焦虑。"尾款人"这个称呼其实代表一种群体认同。

在网络社会中，这种群体认同为天南海北的年轻人提供了一种无形的陪伴。一句简单的"冲啊！尾款人！"就让我们觉得不是自己在孤独地打工，还有一群人和我们一起神采奕奕地熬夜付尾款。

刚工作的小何同学半年前就想购买健身器材划船机，当他发现"双十一"有优惠活动时，很快支付了50元定金。"双十一"当天，他发现还需支付1 150元的尾款，在犹豫良久后，他还是由于不退还定金的规则而决定支付尾款。

小何同学的这种心理被经济学家称为"损失厌恶"心理，即我们在面对同样数量的收益和损失时通常更难接受损失的部分。这笔不可收回的定金在经济学中则被称为"沉没成本"。在"损失厌恶"和"沉没成本"的双重作用下，小何同学最终决定支付尾款。

一张张尾款清单连接了不同区域的尾款人，他们借助消费寻找自我、释放焦虑、获得快乐。但在快乐后陷入为尾款的"漩涡"，也是他们为冲动消费、过度消费付出的代价。我们只有保持理性，看清冲动消费、过度消费可能带来的生活负担，才能真正享受消费带来的愉悦。

正常的消费无可厚非，很多时候，我们并不需要那些因冲动而购买的产品。但是，大部分人在消费主义的影响及一轮又一轮的广告轰炸下，已经区分不出消费和消费主义的边界，直到看到银行账单时才会发现自己付出了怎样的代价。

理性消费是以不变应万变为法则，但坚持理性消费绝非易事。我们在每次购买产品前不妨先问一下自己是否真的需要这个产品，不要让自己成为事后悔恨的"尾款人"。

5.2.3　拒绝所有权依恋，控制购物欲望

当我们拥有某个产品后，该产品的所有权就会形成一道情感的屏障，使我们将自己的情感投入其中，更倾向于喜爱该产品。这其实是一种所有权依恋，主要体现在以下三个方面。

（1）迷恋自己已经拥有的产品，且高估它的价值。

（2）注意力集中于因失去产品而感到的恐惧和失落。

（3）认为别人会同样珍视产品。

所有权依恋让我们与所有物之间的联系加深。社会心理学家早就发现，我们为所有物投入得越多，就会越喜欢它。时间其实是一种常见的隐形投入，由此带来的沉没成本会增加我们的所有权依恋。

实际上，这种状况不仅仅发生在我们拥有某个产品时，对于我们并没有真正拥有的产品，这种"自以为拥有"的非理性依恋也会存在。这种虚拟的所有权同样会对我们产生影响。

当被虚拟的所有权影响时，我们就会为得到产品不惜付出任何代价。购物也是如此，我们在试用产品后便会产生拥有该产品的错觉，哪怕自己并不喜欢、不需要该产品，也想将其购买回来。在这种情况下，非必需消费的次数就会增加。

那么，我们应该如何摆脱所有权依恋呢？

《怪诞行为学》的作者丹·艾瑞里提出这种方法：用"非拥有心态"看待每一笔交易，尤其是大额交易，拉开自己和产品之间的距离。换言之，在购物前让产品在购物车多待一会儿，当我们下次浏览时，便会摆脱所有权依恋，不会再产生强烈的购买欲望。

所以，在购买产品前，想一想自己是否真的必须立即得到它们，身边

是否存在替代品，如果真的需要它们，也要多等几天再做决定。购物在很多时候会被我们的情绪影响，我们在那个瞬间觉得自己一定要拥有的东西，过一段时间可能就会发现不过如此。

5.3　如何应对大额开支

对于具备财商思维但经验尚浅的人而言，在碰上大额开支时，如何将自己手里的钱安排妥当不是一个简单的问题。当我们面对大额支出时，如果不想背上较重的经济负担，那么就应该提前做好准备。可以采取以下方式安排自己的资金。

5.3.1　合理规划自己的资金池

张小姐在二线城市购买了一套两居室，在过年期间就已经将其装修完毕。本来拥有自己的安身之所是一件值得高兴的事，但张小姐却犯难了。当初她在购房和装修方面的花费都超出预算，还向身边的朋友借了一部分钱，现在她的公司出现问题，导致她的收入受到影响。再过几天，她就需要开始缴纳房贷和保险，手里几乎没有剩余资金。

购房、装修都是很难控制预算的大额开支，如果我们没有对其进行合理安排，那么难免会捉襟见肘。我们应该如何避免或应对这种情况呢？

我们可以将资金池简单分为四类：现金池、保险池、目标池、金鹅池。这四类资金池都需要每月定投，逐步扩大。

现金池里的钱是日常生活的花销，如房租、房贷、车贷、一日三餐、通勤费等，这部分钱需要预存在可以随时存取的账户里；保险池里的钱用于购置保险，当我们的收入提升后，这部分钱也可以增加；目标池里的钱用于满足家人的消费目标，我们可以为每个消费目标设置不同的小池子；金鹅池里的钱用于长期投资，这部分钱即使不动用，也不会影响我们的生活水平。

我们可以在保险池配置齐全的前提下，提升现金池的额度。例如，原本我们习惯留 3 万元作为 3 个月的生活费，但当装修计划提上日程后，我们就可以把这部分金额提升到 10 万元。这样当出现装修费用超出预算需要额外补款的情况时，我们也可以继续缴纳房贷。

上述做法不仅可以避免现金池被清空的情况，还可以增加我们的财务安全感。尤其在背负房贷等债务的情况下，充裕的现金池意味着更高的抗风险能力。

张小姐其实是有风险防范意识的，也在配置自己的保险池。她的问题在于为了购房和装修直接清空了自己的现金池，这等同于失去财务基础。在她背负债务的情况下，这是非常危险的。所以，她现在需要在保证保费不断缴、房贷不逾期的情况下，先跟朋友商议能否适当延长还款期限，同时还要注意管理自己的现金池。尤其在有大额消费、负债时，她更要适当提升现金池的额度，以备不时之需。

现金池是财务安全感的来源，可以储备 3~6 个月的生活开支，用于日常花销和处理紧急事件。当因购房、装修而背上负债时，可以扩充现金池，在其中存放 6~12 个月的生活开支，给自己更多的弹性空间。

5.3.2 必要时可以选择分期付款

生活中好像总是充满悖论,例如,我们经常会在资金匮乏时发现似乎又到了应该缴纳房租、电话费的时间。从尼尔森发布的《中国消费市场十大趋势》看,有固定存款的年轻人并不多。其调研结果显示,只有 30% 的 90 后有明确的存款计划,接近 20% 的 90 后没有存款意识。

尼尔森对 90 后群体的调研显示,86.6% 的 90 后属于"负债人群",这里的"负债"指使用包括信用卡、花呗等在内的各种信贷产品。事实上,有存款与有负债并不冲突,使用信贷产品只是他们缓解现金流压力的一种手段,当月无法还清欠款的"实质负债人"仅占 44.5%。

我们全款购买一瓶矿泉水不会有压力,但全款购买汽车可能会使后续的资金周转变得困难。当我们面对大额开支时,可以选择分期付款的方式来缓解现金流压力。从财务角度来说,这是缓解现金流压力的有效手段。即使分期付款会产生一定的利息,但相对于我们的现金流压力而言,这些利息就显得不值一提了。

媒体报道中提及的 90 后普遍负债的问题实际上是由新的消费和支付方式导致的,而不是因为他们盲目地追求生活品质。调研结果也印证这一点,90 后将信贷资金主要用于生活开支,用于提升生活品质和休闲娱乐的比例并不高。照此趋势,更年轻的一代人会更习惯使用信贷产品,其负债比例可能会进一步提高。

这种将信贷产品作为支付工具,利用分期付款缓解现金流压力的支付方式在为我们的生活带来便利的同时,也带来了新的问题。

如果冲动消费与非必需消费频繁出现,那么本来用于缓解现金流压力的负债消费就会失控,从而转变为我们的负担。因此,我们要对被动消费提高警惕,避免被消费主义影响,充分意识到储蓄及理性消费的重要性。

第6章

储蓄策略：打造专属的财富力量

很多人都非常羡慕有理财天赋、擅长投资赚钱的大师级人物，同样的资金，同样的机会，一旦经过他们的手就会立即使财富增值。难道他们付出了比常人更多的努力？难道他们天生拥有智慧？虽然有一部分原因在于此，但并不完全是这样。

事实上，投资大师只不过是懂得积累财富的秘诀，即首先进行原始积累，然后通过合理的储蓄策略一步步地实现自己的财富计划，增强自己的财富力量。

6.1　通过储蓄实现财富原始积累

财富原始积累是一个重要的起步阶段。富人在积累财富时可以得到生存创业的资本，获得实用的知识，熟悉社会现存资源，培养自己的沟通能力，为实现创富打下坚实的基础。在原始积累阶段，一个非常重要的关键点就是学会储蓄。掌握科学、有效的资产储蓄方法，有利于管理自己的资产，更好地配置与利用自己的资产。

6.1.1　合理规划储蓄与支出行为

在储蓄过程中，我们会对每一项支出的价值进行判断，这样可以帮助我们减少许多不必要的支出。同时，当积累了一定的资金时，我们也会对这笔资金的使用前景有所畅想、期待，这也可以引导我们将这笔资金花在更有意义的计划上。

进行财富原始积累的大部分都是年轻人，他们应该怎样规划储蓄与支出行为才比较合适呢？年轻就是资本，对于大多数人来说，离开学校就意味着步入社会。当我们刚刚初入社会时，一切都是新的起点，收入水平可能不高，财富增长的后劲显得不足，资金积累能力也相对薄弱，但这就是理财的原始积累阶段。

在这个阶段，你不会有负担，消费处于相对随意的状态，职业生涯也没有定型，但你对未来的危机感较弱，会缺乏积蓄意识和存钱的迫切感。此时，理财规划的重点是加强财富原始积累，增加收入来源等。

目前在广州一家企业工作的范晶，大学毕业 1 年，24 岁，单身，近期不考虑结婚。她的月薪为 4 000 元左右，目前与父母同住，每月交给父母 2 000 元生活费。她虽然没有其他负债，但每月支付完电话费、学习费、服饰化妆品、休闲等费用后已经没有多少结余，基本属于"月光族"。

几年前，父母将 10 万元存入范晶名下，选择的是银行定期存款，没有进行其他投资。范晶白天工作，晚上进修研究生课程，基本没有时间进行理财。范晶计划等研究生学业结束后，自己一边上班，一边与朋友合作或雇人开女装专卖店。如果发现更合适的资本运作途径，范晶也会进行其他投资以使财富增值。

根据推算，范晶目前的收入大约为 5 万元 / 年，假设其日常消费为 2.2 万元 / 年，加上支付给父母的 2.4 万元 / 年的生活费，实际资金积累约为 4 000 元 / 年。她有父母赠予的 10 万元存款，没有其他形式的资产或投资。

由此可见，尽管范晶拥有一定的存款基础，但财富增长的后劲明显不足，日常资金积累能力也很薄弱，总体上属于理财的原始积累阶段。我们对范晶在原始积累阶段的理财提出以下三项建议。

第一，积极进取，努力提高自己的投资能力。年轻人应当积极进取，努力学习并掌握多种投资工具，可涉及实业投资、资本运作等领域。在入门阶段，投资涉及的领域不能孤注一掷，也不宜过于宽泛。

因此，范晶可以分两个阶段投资，从低、中风险投资组合入手。在第一个阶段，她可以按照存款、债券、基金分别占 4 万元、3 万元和 3 万元的额度进行组合运作；在第二个阶段，她可以开始增加风险品种，即在原有基础上增加股票、投资型保险、实业经营等风险较高的投资项目。

第二，量力而行，适量购买商业保险。范晶收入水平不高、难以支付相对昂贵的商业保险，可以考虑购买女性保障系列产品，将每年的保费额度控制在 1 000~1 500 元。在收入水平提高、家庭结构发生变化、年龄增长的影响下，如果她想要增加投入以取得更大的保障或投资回报，那么就可以考虑增加保险品种或者提高保费额度。

第三，注重提升自身价值。理财受年龄的影响巨大。从理财角度看，20~30 岁的人具有很强的增值潜力。因此在这个阶段，范晶关注的重点应放在继续深造、转变角色、提高层次上，逐步提升自身价值和投资能力，从而提高薪酬水平，使收益更丰厚。

6.1.2　储蓄方式大盘点

随着《储蓄管理条例》的出台以及储蓄业务的发展，银行开办的储蓄方式已经丰富多样，包括活期储蓄、定活两便储蓄、整存整取储蓄、零存整取储蓄、存本取息储蓄、定期定额有奖储蓄、华侨人民币定期储蓄以及活期支票储蓄、活期异地通存通兑储蓄、代发工资业务、储蓄旅行支票等。

接下来介绍几种最常见的储蓄方式。

（1）活期储蓄

活期储蓄是指不规定具体期限，可以随时存取现金的储蓄，其以 1 元为起存点，不设上限，每季度结算一次利息。

（2）定期储蓄

定期储蓄是指存款人同银行约定存款期限，到期支取本金和利息的储蓄。这种储蓄能够为银行提供稳定的信贷资金来源，利率高于活期储蓄。

定期储蓄又可以细分为以下四类。

①整存整取储蓄

整存整取储蓄是指在开户时约定存期，本金整笔存入，到期一次性支取本金和利息的储蓄，其以人民币 50 元或等值人民币 100 元的外汇为起存点。这种储蓄的存款可以在到期日自动转存，也可以根据客户的意愿约定转存。

在整存整取储蓄中，人民币存期分为 3 个月、6 个月、1 年、2 年、3 年、5 年六个档次；外币存期分为 1 个月、3 个月、6 个月、1 年、2 年五个档次。

②零存整取储蓄

零存整取储蓄是指在开户时约定存期，分次每月固定存入本金，到期一次性支取本金和利息的储蓄。其开户手续与活期储蓄相同，只是每月要按开户时约定的金额进行续存。这种储蓄一般 5 元起存，每月存入一次，中途如有漏存应在次月补齐。利息按实存金额和实际存期计算，存期通常分为 1 年、3 年、5 年。

③整存零取储蓄

整存零取储蓄是指在开户时约定存款期限，本金一次性存入，固定期限分次支取本金和利息的储蓄。这种储蓄一般 1 000 元起存，可以每一个月、每三个月及每半年支取一次。利息按开户日的整存零取储蓄利率计算，于期满结清时支取，存期分为 1 年、2 年、5 年。

④存本取息储蓄

存本取息储蓄指在开户时约定存期，本金一次性存入，按固定期限分次支取利息，到期一次性支取本金的储蓄。这种储蓄一般 5 000 元起存，一个月或几个月取息一次，可以在开户时约定的支取限额内多次支取任意金额。利息按开户日的存本取息储蓄利率计算，存期分为 1 年、3 年、5 年。

（3）定活两便储蓄

定活两便储蓄是指在开户时不约定存期，银行根据存款的实际存期按规定计息，可随时支取本金和利息的一种储蓄。这种储蓄一般 50 元起存，存期不足 3 个月的，利息按支取日的活期储蓄利率计算；存期 3 个月以上（含 3 个月）不满半年的，利息按支取日的整存整取储蓄利率（3 个月存期）的 60% 计算；存期半年以上（含半年）不满 1 年的，利息按支取日的整存整取储蓄利率（半年存期）的 60% 计算；存期 1 年以上（含 1 年），无论具体的存期多长，整个存期的利息按支取日的整存整取储蓄利率（1 年存期）的 60% 计算。

（4）教育储蓄

教育储蓄是为鼓励居民以储蓄的方式为子女接受非义务教育积累资金、促进教育事业发展而开办的储蓄。其对象为在校小学四年级及以上的学生。教育储蓄存款按存期分为 1 年、3 年和 6 年。每个账户 50 元起存，本金合计最高限额为 2 万元。客户凭学校提供的正在接受非义务教育的学生的身份证明一次性支取本金和利息，可以享受利率优惠并免征存款利息所得税。

6.1.3 如何进行阶梯式储蓄

阶梯式储蓄是一种将资金分开储蓄的理财方法，操作方式是将资金分成若干份，分别存成不同期限的定期储蓄。

假设我们现在有 6 万元，分成 3 份，金额分别为 1 万元、2 万元和 3 万元。我们将这 3 份资金分别存成 1 年、2 年、3 年的定期储蓄。当 1 年存期的存款到期时，我们将其转存成 3 年存期；当 2 年存期的存款到期时，我们一样将其转存成 3 年存期。这样 2 年以后，3 份资金都是 3 年存期的定期储蓄。而实际上，每份资金的到期时间却是相隔一年的。

上述做法既提高了资金的流动性，又能拿到更多利息，就是阶梯式储蓄法。这种方式适用于加息周期中，既不会造成利息损失，还能在转存后享受新的利率政策。除了阶梯式储蓄法以外，还有一些比较常见的储蓄技巧。

（1）12张存单储蓄：如果你每月提取收入的10%~15%，做一年期定期存款单，那么一年下来，你就会有12张一年期定期存款单。从第二年起，每个月都会有一张存单到期，如果你有急用，那就可以使用它，也不会损失利息；如果你没有急用，那么这些存款单可以自动续存。而且，从第二年起，你可以把每月要存的钱添加到当月到期的存款单中，重新做一张存款单，继续滚动存款。

（2）金字塔存钱：将一笔资金由少到多划成几份，分别存入银行。例如，你现在有20万元需要储蓄，不妨将其分成2万元、4万元、6万元、8万元，分别存为一年存期的定期存款。这样做的目的在于，假如你有急事需要用2万元，那么只要把其中的2万元取出即可，另外3份资金的利息将不受影响。

（3）分批存钱：你可以在银行开设一个零存整取储蓄账户，每个月从工资中拿出少量的固定金额存入该账户。这个方法适用于自制力较差、存款很少的人，他们可以通过这种方式积少成多。

（4）组合式存款：这是一种将存本取息储蓄和零存整取储蓄相结合的理财方法，即将一笔存款的利息取出来以零存整取的方式储蓄，让利息再生利息。假如你现在有3万元，可以先把它存成存本取息储蓄；一个月后，你可以取出存本取息储蓄的第一个月的利息，再用它开个零存整取储蓄账户；以后你只要把利息取出，就都存到这个零存整取储蓄账户上。

这种储蓄法在保证了本金产生利息的基础上，又能让利息再产生利息，让我们的每一分钱都充分滚动起来，使收益达到最大化。我们只要长期坚持，肯定可以收获较为丰厚的回报。

（5）短期自动转存：如果你现在有一笔闲置资金，在短期内未必会用到，但又不确定将来什么时候会用到，那就选择短期自动转存的方式进行理财。例如，你现在用 5 万元办理了短期自动转存业务，将其存为 3 个月存期的定期存款。如果 3 个月后，你用不到这笔钱，那么银行将自动帮你连本带利进行转存，这也是一种复利投资的存款方式。

总之，巧用各种储蓄技巧，可以帮助我们达到收益最大化。

6.2　银行理财产品配置技巧

制定理财方案需要专业的理财知识，否则就不能保证其正确性和可执行性。因为银行理财产品比较安全，所以，很多人都会将其纳入自己的理财方案。我们在具体操作时要分析自己是否适合银行理财，并掌握选择银行理财产品的技巧。

6.2.1　配置银行理财产品的重要性

随着经济不断发展，生活水平不断提升，越来越多的投资者涌现。他们拥有良好的修养，为了让自己的财富延续下去，不断进行各种类型的投资。银行理财是收益稳定、风险低、比较安全的理财方式。对于个人理财者来说，购买银行理财产品不需要花费太多时间和精力，而且其收益稳定，值得信赖。

在购买银行理财产品时要掌握以下四个技巧。

（1）判断银行理财产品是否可以保本。对于投资者来说，保本非常重要。但是，我国规定银行不能讲自己的理财产品是否可以保本，而只能介绍理财产品的预期收益率。其实，银行理财产品大多可以保本，但收益率通常比较低。

（2）根据自身情况选择银行理财产品。年长的投资者，如退休老人等的收入增长情况可能不是非常乐观，其赚钱能力也没有之前那么强。因此，其抗风险能力通常比较低，更适合相对安全的银行理财产品。年轻的投资者可以让自己的收入增长得比较快，即使遭受损失也可以及时弥补。因此，其抗风险能力相对较强，可以选择风险较高但收益丰厚的银行理财产品。

（3）对银行理财产品的流动性进行判断。有些银行理财产品不具备流动性，投资者不能提前赎回本金。如果投资者对本金的赎回期限有要求，那就不要购买流动性比较差的银行理财产品，如信托、保险等。

（4）注意查看清算期。大多数银行理财产品都有清算期，即本金和收益到账所需的时间。清算期内一般是不计算利息的，这就意味着，银行理财产品的清算期越长，投资者在利息方面的损失也越大。因此，投资者应该尽量选择清算期短的银行理财产品。

6.2.2　你适合银行理财吗

银行理财在种类繁多的理财方式中总能被人优先考虑，主要是因为其具有以下四个优势：①资金链优势；②信誉优势；③网点众多、快捷便利；④更专业、客观。

但是，银行理财作为稳健且安全的理财方式，在收益率上和其他理财方式相比就不那么具有优势了。因此，银行理财主要适合以下四类人群。

（1）散户

银行理财门槛较低，一些平台的起投金额甚至低至百元。相比其他理财方式，银行理财更亲民、门槛更低。

（2）不懂金融知识的人

缺乏金融知识的人很难驾驭股票、外汇、贵金属等投资。相对而言，银行理财类似于银行存款，可以到期回款，基本不需要金融知识，适合投资小白作为入门工具使用。

（3）上班族、业余时间少的人群

银行理财不需要像股票、外汇等投资产品一样每天甚至每时每刻都要紧盯动向，只需要做好资金安排即可。而且，很多银行的用户体验已经越来越完善，开发了还款日历、回款短信提醒、自动投标等多项业务。对于平时没有很多业余时间但又想投资理财的人来说，这些业务是非常便利的。

（4）短期可支配大量资金的人

与其他理财方式相比，银行理财有比较显著的流动性优势。目前很多银行理财产品的投资期限为 1~3 个月，也有灵活的回款方式供我们选择，流动性较好。

每款银行理财产品都是针对特定的客户群开发设计的。在产品说明书中，各银行也均会标明自己的理财产品适合哪类客户群购买。

因此，投资者在选择银行理财产品时，要结合自己的收入状况、风险承受能力等，搞清楚自己属于哪类客户群，判断自己是否属于该产品的适合购买客户群。

6.2.3　通过收益率审核银行理财产品

收益率是指投资的回报率，一般以百分比的形式表达，根据市场价格、面值、息票利率以及距离到期日的时间计算。很多银行理财产品都是以高收益吸引投资者，但其背后很可能具有诸多问题和陷阱，我们必须仔细考量。

长久以来，投资者似乎已经习惯以收益高低衡量产品是否具有吸引力，但现在这种衡量方式已经发生变化。收益不再是投资者看重的唯一指标，如何在风险可控的情况下实现合理收益成为专业人士的考量重点。

于是，一些中低收益的银行理财产品由于稳健的发展前景逐渐成为质量靠谱的代名词。现在一些理财平台也不再比拼谁的收益更高，而是开始走稳健发展的路线。这是投资市场趋向良性发展的重要标志。

在投资前必须明确，预期收益只是一个估计值，并不一定是最终的收益。而且，银行的口头宣传不能代表合同，只有合同才是对银行理财产品最规范的约定。理财专家认为投资者在购买银行理财产品时必须认真阅读产品说明书，不要对其收益有过高预期。

投资者在挑选银行理财产品时一定要对其进行全方位考察，不要被暂时的高收益和不确定的预期收益迷住双眼，而要尽量选择收益比较稳定的银行理财产品，规避投资风险。

6.2.4 配置银行理财产品的三大要素

当投资风险较高时，投资者应适当购买一些风险低的银行理财产品。尽管此类产品的利润较低，但是可以更好地保证效益。这就相当于降低了高风险投资项目的投资成本，在总体上降低了投资风险，提高了投资盈利。

当投资对象主要是一些低风险投资项目时，因为其收益较低，投资者应兼顾多种低风险投资项目，以此来提高收益。这种互补互助的组合模式就是投资组合。

投资组合是一个非常不错的理财方式。人生的不同阶段对财富的需求不同，这就要求投资者把资产科学、合理地配置到不同的银行理财产品上，以此更充分地满足自己的需求。银行理财产品配置方法因人而异，一旦我们使用的方法出现失误，结局就很难改变。

配置银行理财产品虽然是一门深奥的学问，但也有章可循。我们在配置银行理财产品时可以从以下三大要素入手。

（1）安全性

在理财过程中，不管我们投资什么银行理财产品，安全性都是必须考虑的。因为理财目标是使个人或者家庭的财务保持良好的状态，同时还应当以满足日常生活所需为前提，争取获得更丰厚的收益。在此目标的引领下，确保资产安全便成为各项任务顺利完成的前提。

（2）收益率

作为普通人，之所以如此积极地参与投资，就是为了赚更多的钱，保障自己的生活。因此，我们要坚持高风险银行理财产品与低风险银行理财产品相结合的原则，不能为了追求高收益而罔顾投资风险。

（3）流动性

我们每个人不仅要经历生老病死，还离不开吃穿住行。我们要将自己的眼光放长远，既要保证当前生活，又能兼顾未来发展，避免在出现紧急情况时措手不及。因此要尽量选择流动性比较强的银行理财产品，确保其可以随时支取。

除了上述三大要素之外，起投门槛也非常重要。当面对再好的银行理财产品时，如果自己连起投门槛都达不到也是无效的。不同品种的银行理财产品的起投门槛有所区别，在资产有限的情况下，投资者必须选择适合自己的银行理财产品。

第 7 章

借助信用卡实现合理消费

随着信用卡的普及，很多银行都推出了免息分期服务。这样的服务可以帮助我们实现提前大额消费。然而，那些陷入消费陷阱、沦为"卡奴"的先例让多数人对信用卡避之不及。但是，我们不能在看见信用卡的缺点后，盲目地排斥它。

从理财角度来说，如果我们能够充分利用信用卡的还款期限做好资金调度，不仅不会成为"卡奴"，反而可以将其变成很好的理财工具。那么，我们应该如何摆脱盲目刷卡的消费陷阱，成为信用卡的主人呢？

7.1 信用卡的三个核心特征

信用卡的本质是由银行将钱垫付给商家，人们也因此认为只有在缺钱时才需要办理信用卡。但实际上，信用卡并不是在缺钱时才能办理的业务，具有许多优势，包括功能完善、资金周转快、覆盖面积广、额度高、支持延时付款等。

同时，当我们消费后，信用卡还会提供账单详情，这样我们就可以掌握自己的支出情况，合理纠正自己的消费习惯。

7.1.1 覆盖面积广，使用人数多

现在各行各业日益电子化、无纸化，现金已经不是唯一的支付方式，支付宝、微信、京东等第三方支付平台因支付便捷等优势而迅速兴起，被越来越多的人接受。但实际上，信用卡的优势比这些第三方支付平台的优势显著得多。在国内，由于第三方支付平台的广泛普及，我们或许对信用

卡的覆盖面积没有具体的感受。

有移动网络的地方基本都支持线上支付，这看似很少有人坚持使用信用卡。但实际上，几乎每家银行的信用卡都可以与支付宝、微信等软件绑定。所以，只要是支持第三方支付平台的店铺，通常也都支持信用卡支付。

在国外，信用卡与第三方平台在覆盖范围上的差距就更有所显现了。目前在国外，第三方支付平台只应用于较大城市的机场免税店、大型购物中心、大型连锁店等特定的场合，其覆盖范围小于信用卡。

无论是国际大都市，还是某个国家，只要能看到银联的标志，就支持信用卡支付。在国外，我们对当地的货币并不熟悉，如果使用现金付款，无论是在当地银行还是本国银行进行货币兑换，都难免会遇到各种问题。信用卡则可以解决这些问题，例如，费用直接从信用卡中扣除，免除了计算汇率、兑换货币等一系列可能出现的麻烦。

7.1.2 支持分期消费与还款，有一定额度

当需要大额支出时，我们可以使用信用卡的分期消费功能；当我们急需资金时，信用卡会为我们提供一笔资金以应对突发情况；当遇到资金周转不开的情况时，为了避免还款逾期，我们可以使用信用卡的延期还款功能，也可以选择分期还款或最低还款，这样不会影响信用卡的后续使用。

分期还款即持卡人分期向银行还款并支付手续费，银行会根据申请分期扣除消费金额和手续费。各银行的手续费不同，各分期数的手续费也不一样。分期数越多，银行收取的手续费越高。相应地，我们每月的还款压

力也越小。例如，张先生向商业银行分期借款 12 万元。在不计算手续费的情况下，当分期数为 3 个月时，他每月应还款 4 万元；当分期数为 12 个月时，他每月应还款 1 万元。他可以根据自己的资金情况进行选择。

最低还款即当持卡人在每月的还款日或以前无法偿还全部款项时，便可以按照最低还款额（消费金额的 10% 及其他各类应付款项）还款，但不再享受免息待遇。例如，张先生本月应该偿还 1 万元，如果他选择最低还款，那么只需偿还 1 000 元，而且不会产生逾期问题。但对于其余未还款项，银行会收取利息，一般还款时间越长，银行收取的利息就越多。

我们在还款时，如果遇到消费金额较少或还款时间较短的情况，那么就可以选择最低还款。在消费金额较多且还款时间较长的情况下，我们可以选择分期还款将款项逐月还清。

根据额度等级，信用卡可以分为金卡、白金卡、黑卡等。一般来说，金卡的额度为 1 万 ~10 万元，白金卡的额度为 10 万 ~100 万元，黑卡则具有上千万元的额度。而花呗的最高额度为 5 万元，借呗的最高额度为 20 万元。由此可见，花呗、借呗、信用卡等都能够在遇到资金问题时为我们提供帮助。

7.1.3　改善征信情况，降低贷款难度

近几年，我国的征信体系越来越健全，无论你要申请信用卡还是贷款，都离不开征信。征信既是我们在金融领域的"名片"，也是我们的个人信用数据。在信用卡支付的方式下，系统会将所有征信信息记录入库，这也使判断一个人的信誉变得更容易。

还款情况就是我们的信用记录，良好的信用记录有助于金融机构评估

我们的信用等级。当信用卡通过审核后，无论我们在哪家银行申请贷款，成功的概率都会大大提高。这也是信用卡对我们最重要的影响。

那么，究竟什么是征信呢？简单地说，征信就是专业的金融机构对个人的信用记录进行收集、分析、整理后得到的结果，能直观地体现这个人的信誉。

无论金额大小，只要涉及贷款，银行首先要审核申请人的征信是否合格。如果申请人从来没有使用过信用卡，那么他的征信记录很可能是空白的，贷款申请等业务则会受到限制。如果当次审核严格，他获得贷款的速度会变慢，甚至可能出现其他问题。但是，如果他拥有一张经常使用且从未逾期还款的大额信用卡，则更容易得到银行的信任，贷款效率也会提高。

实际上，影响信用卡申请、提额、贷款的征信因素并不多，通常为是否有逾期还款记录、信用卡持有量、总体负债、网贷情况、信用记录查询次数等。

那么，我们应该如何利用信用卡改善自己的征信情况呢？

（1）不要频繁查询信用记录

频繁查询信用记录会在征信上留下不良信息，这间接说明我们目前正面临资金紧张的情况。同时，主动申请信用卡提额也可能会在征信上显示。我们要想提额可以先保持良好的还款记录，等待银行主动提出，而无须在网银后台频繁申请。

（2）信用卡使用正常

信用卡使用正常意味着不能长期空卡、不要频繁分期、不要恶意套现，每个月的支出尽量低于总额度的80%。信用卡前三个月的使用情况很关键：第一个月不要超过总额度的20%；第二个月不要超过总额度的30%~40%；第三个月不要超过总额度的50%；之后即可正常使用。

（3）信用卡及贷款合理

信用卡不必申请多张，最理想的状态是额度大、数量少，贷款也是如此。征信报告中只有几张信用卡和几笔贷款对我们后期申请信用卡、贷款会更有益。

总之，信用卡的使用情况越好，对我们的征信越有利。如果你已经办理了多张信用卡，那么最好尽早销卡。同时，不要申请可能会影响信用记录的小额网贷。

7.2　信用卡优惠攻略：学会"薅羊毛"

目前银行、商家开展的各类优惠活动吸引了一群人，在享受优惠的同时，他们还会将相关信息发布在网上，带领其他人一同享受。这种行为被称为"薅羊毛"。

在使用信用卡时，每笔消费都会获得积分，这会使我们在享受优惠的同时还可以提额。"薅一薅羊毛"，何乐而不为？

7.2.1　获取超长免息期的方法

信用卡都有免息期，这是银行给客户提供的优惠，即如果我们进行的是非现金交易，那么在账单日与还款日期间无须缴纳利息。

延长免息期既可减轻我们的还款压力，又能提升资金的灵活度。如果资金不足，那么免息期长意味着更长的资金周转时间，可以减轻我们的还款压力；如果资金充足，那么我们可以利用免息期进行投资，最多可以获得 50 天的投资收益。

银行宣传信用卡的免息期有 40~50 天，但在实际使用中，最多只有 30 天的免息期。这并不是银行虚假宣传，只是我们没有找到正确的使用方式。下面讲述如何享受最长免息期，实现资金价值的最大化。

最长免息期与账单日、还款日息息相关。账单日即银行发布对账单的日期，还款日即银行要求还款的最后期限。如果我们在账单日后一天进行消费，这笔消费就会计入下一期账单，两个免息期叠加起来就会长达 50 天。

通常情况下，账单日后 20 天即为还款日。假如每月 1 日是我们的账单日，那么 21 日就是我们的还款日。如果我们在 4 月 2 日消费 1 万元，那么 5 月 1 日才会形成账单，5 月 21 日才需要还款。

工商银行、招商银行、交通银行、中国银行、广发银行等都将账单日当天的消费计入下一期账单，而农业银行、中信银行、民生银行等则将账单日当天的消费计入本期账单。除此之外，建设银行、浦发银行、兴业银行规定在账单日 21：00 前的消费会被计入本期账单，光大银行则规定在账单日 18：00 前的消费会被计入本期账单。

如果我们有多张信用卡，那么就可以更好地安排账单周期，让免息期更长。例如，信用卡 A 的账单日为 1 日，还款日为 21 日，此时，我们就可以把信用卡 B 的账单日设置为 16 日，还款日则变为次月 5 日或 6 日。同理，3 张、4 张、6 张甚至 10 张信用卡都是如此。只要把所有信用卡的总额度分三等份，再把三等份平均分配到一个月里，我们就可以交替使用这些信用卡，享受最长免息期。

所有银行都支持自行设定信用卡的账单日，但每家银行的要求都不同。例如，一年仅支持修改一次或两次账单日，或者在指定的几个账单日中进行选择。

账单日的修改流程，如图 7-1 所示。

图 7-1　如何修改账单日

通常情况下，信用卡的免息期最短为 20 天，最长为 50 天。只要我们巧妙地利用银行政策，就可以在不违规的情况下延长免息期。当然，我们要想享受最长免息期，除了清楚如何对其进行计算以外，还要掌握一定的技巧和方法。

例如，张先生拥有两张信用卡，信用卡 A 的账单日是每月 8 日，信用卡 B 的账单日是每月 17 日。4 月 5 日，张先生决定购买某件贵重产品，他可以通过挑选信用卡或延迟消费的方式充分享受银行的免息期。

张先生的两张信用卡的账单日分别在上旬和下旬，因此，他可以选择使用免息期较长的信用卡。如果张先生用信用卡 A 消费，那么 4 月 8 日就会被计入账单，4 月 28 日就要还款。此时，他只能享受 20 天的免息期。而信用卡 B 的账单日是 17 日，如果张先生在 4 月 5 日刷卡消费，那么 4 月 17 日才会被计入账单，20 天后的 5 月 7 日才到期还款。此时，他享受的免息期就是 32 天。

如果他一定要在 4 月 5 日购买产品，选择信用卡 B 支付最佳。当然，他也可以选择延迟消费，将购买日期推迟至 4 月 9 日。在 4 月 9 日使用信用卡 A，消费直到 5 月 8 日才会被计入账单，还款日则为 5 月 28 日，这样他就能享受到 50 天的免息期。

由此可见,有计划地选用信用卡能使我们享受超长免息期。通常情况下,办理三张账单日分别为上、中、下旬的信用卡对我们最有利,这样在消费时总能找到一张合适的信用卡,享受最长免息期。

7.2.2 充分利用信用卡的所有权益

当成功办理信用卡后,即可享受这张信用卡提供的各种服务。各银行对信用卡的定义有所不同,不同的信用卡对年费的要求也不同。从理论上讲,我们支付的年费越多,获得的权益就越多。

如今,各银行一般都和商家有合作,共同推出活动。例如,使用信用卡消费即可获得返现、在指定商家消费即可享受 5~8 折优惠,甚至消费抽奖或者赠送礼品等活动,这些活动在银行 App 上均有介绍。另外,每家银行都设置积分兑换系统,消费满一定金额即可在银行 App 上兑换心仪的物品。信用卡的这些权益在一定程度上节约了我们的生活成本。

信用卡的权益主要分为以下几个方面。

(1)自身附带的权益

为了推广信用卡,银行会在开卡时附送许多权益,例如,赠送行李箱、年度免费保险、免费体检、免费机场停车、生日 10 倍积分等。一些银行还会赠送飞机延误险,例如,飞机延误 2 小时可以获得平安银行的 2 000 元赔付,延误 4 小时则可以获得招商银行的 4 000 元赔付等。同时,我们还可以将非仅限本人使用的权益与他人进行交易。

(2)活动获取的权益

各家银行为抢占信用卡市场,经常推出各种活动,如农业银行的农行刷、交通银行的周周刷等,我们可以从中获取卡券或实物两种权益。卡券主要包括流量券、星巴克优惠券、超市代金券等；实物则包括锅、餐具、背包、旅行箱等。如果这些东西自己用不上，那么也可以卖掉变现。

银行还会推出不同类别的信用卡。例如，可以使用车主卡享受加油折扣、使用超市卡利用积分兑换购物优惠、使用里程卡兑换机票、使用多倍积分卡快速积累积分。有些信用卡甚至会直接返钱。

（3）积分及里程

每家银行都有自己的积分系统，在使用信用卡进行消费时就会获得相应的积分。积分可以直接用来兑换礼品，同样包括卡券和实物。

其中，最值得兑换的就是里程。在一些银行，里程可以直接作为现金使用。常见规则为满一定积分就可以兑换礼物、机票、星级酒店试用券、星巴克优惠券、电影票等。目前，包括南航、东航、海航在内的几家航空公司与各家银行合作，支持利用信用卡的积分兑换里程。

（4）利用免息期进行理财

我们还可以利用信用卡的免息期实现提前消费，同时将自己的钱用于理财。

可以说，信用卡的权益无处不在。

第三篇

保命的钱的规划方案

第 8 章

保命的钱：留一部分钱应对突发情况

　　每个家庭都有发生意外的可能，如何有足够的钱应对意外，同时又不影响正常的生活和工作非常重要。要解决这个问题，我们应该拿出 20% 的钱应对突发情况，至于这 20% 的钱应该如何分配，则需要根据实际情况决定。

8.1 警惕家庭风险，拒绝一病返贫

在理财过程中，家庭风险不得不防，否则很可能让我们陷入困境。比较常见的家庭风险有三个：没钱花、财产缩水、一病返贫。要想消除这三个家庭风险，必须采取不同的措施，这样才可以对症下药。

8.1.1 长寿时代，如何避免没钱花

《都挺好》是一部深受观众喜爱的电视剧，该电视剧讲述了随着母亲的突然离世，一家人的关系面临严峻考验，父亲苏大强的安置问题和后续生活更是让大哥、二哥、小妹的生活受到了影响，进而引发了一系列故事。

该电视剧反映的养老问题很接地气，引起了观众的共鸣。确实，在老龄化社会到来之际，养老已成为每个人都需要正视的问题。医学的发达和技术的进步让人类的寿命比之前更长，长命百岁的目标距离人类也越来越近。

然而，与长寿时代一同而来的还有没钱花的风险，即寿命越长的人，

每年需要储蓄的钱越多，财务负担越重。由此可见，如果不提前做好准备，导致财富增长与寿命延长不匹配，那么我们的生活可能会受影响。

为了实现老有所养，老有所依，每个人都会考虑一个问题：在退休前应该储蓄多少钱才可以保证自己安度晚年？下面以李女士为例进行说明。李女士今年 60 岁，家庭日常开销为 6 万元 / 年。那么假设 30 年，不计算通货膨胀率的话，至少需要 180 万元。如果再考虑医疗、康养费用，她的养老成本预计将达到 200 万元以上。对于李女士而言，这也是一笔不小的资金。

大部分人会在 23 岁左右开始工作。此时，他们的人力资本是最有价值的。之后，人力资本的价值会不断降低。与此同时，金融资本会随着年龄的增长而变得更有价值。到他们 50 岁时，金融资本的价值会超过人力资本的价值。之后，当他们进入老年阶段时，人力资本的价值会更低，甚至趋近于零，而金融资本则成为总财富的核心要素，如图 8-1 所示。

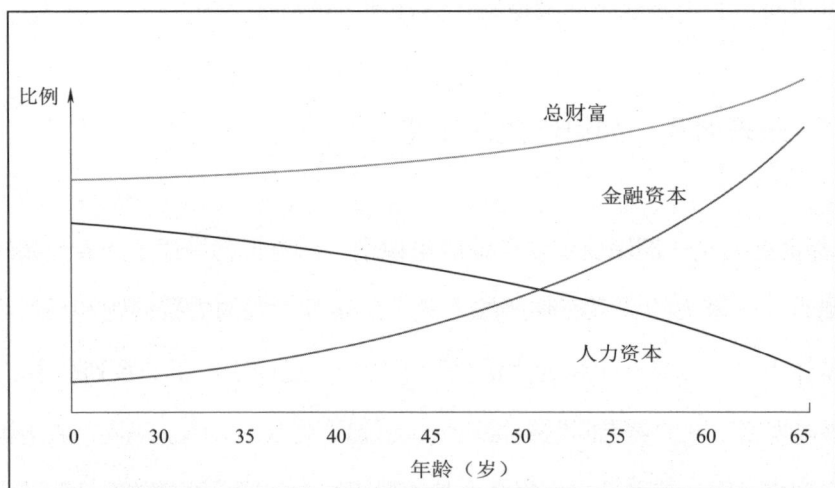

图 8-1　生命周期中的财富价值变化

由图 8-1 可知一个道理：如果我们想拥有一个安逸的晚年，那么就必须在退休前充分利用自己的人力资本，通过努力工作赚更多的钱，并借助理财规划将这些钱转化为金融资本。这样可以让我们在人力资本的价值趋近于零前就储蓄到足够的钱来负担日常消费。

对于我们来说，努力工作不难，难的是理财规划。为了不让自己活着没钱花，我们在进行理财规划时就要十分谨慎，严格控制风险。如果我们没有做好风险管理，那么通过努力工作赚的钱可能都会化为乌有。

随着各种理财产品的涌现，如果没有足够的理财知识，缺少理财经验，那么就很容易把"鸡蛋放在一个篮子里"，最后什么都没有得到。因此，我们要对自己的财富进行规划，提前为退休后的生活做准备。

最好在 40 岁之前就设计完善的退休方案，通过对资金进行合理配置应对通货膨胀。退休方案应该具备较强的保障性，这样有利于我们做好财富安全防范。在寿命有所延长的情况下，我们的优势将体现在财富管理的科学性和安全性上。总之，我们要让财富稳定增长，保证自己在寿命到达终点前有足够的钱可以花。

8.1.2 预防财产缩水是当务之急

如果你有 1 000 元，那么做消费决策其实并不难；如果你有 10 000 元，那么要仔细分配这笔钱；如果你有 100 万元，那么可能不知道应该如何处理自己的资金。当你有较多财产时，很容易陷入焦虑：将钱放在自己这里也许会贬值，造成财产缩水。

财产可以通过风险衡量，无风险或风险极低的财产才是我们真正拥有的财产。我们可以对这些财产进行分配、组合、规划，从而使其保值、增值。

随着生活水平的提高和物价的上涨，预防财产缩水已经成为我们必须重视的事。

为了做好这件事，我们必须知道引起财产缩水的原因有哪些，这样才可以有针对性地制定策略。引起财产缩水主要有以下三个原因。

（1）婚变

例如，小李有一套自己出全款购置的房产（价值 200 万元），这套房产登记在他和妻子的名下。2021 年，因为离婚，房产作为夫妻的共同财产予以分割。但是，两人都不想要房产，最后只能将房产拍卖出售。除去相关费用后，两人分别获得 75 万元。

我们可以想一下，房产之前价值 200 万元，现在每人获得 75 万元，合计 150 万元。也就是说，离婚导致小李的财产缩水了 50 万元。

为了预防婚变引起的财产缩水，一般可以采取签署婚前协议、婚内协议等方式。此外，购买保险和信托也可以化解婚变引起的财产缩水。

（2）投资失误

目前国内外的经济情况比较复杂，这进一步提高了投资风险。有些人在投资时一味地关注回报率，这是不正确的做法。高回报率往往伴随着高风险，一次错误的投资决策可能会让我们的财产化为乌有。

那么，我们应该如何投资才可以兼顾高回报率和低风险呢？

第一，我们应该衡量自己的风险承受能力，并据此设置投资比例。例如，用一部分钱做高回报率的投资，剩余的钱则以保值、稳定为目标进行投资；第二，市场会发生变化，我们要根据这个变化对投资比例进行动态调整；第三，我们可以进行跨区域财产配置，这样可以降低风险，避免财产大幅度缩水。

（3）缺乏财产规划

随着人们的理财意识越来越强，财产规划成为一个无法忽视的问题。尤其对于闲置资金比较多的人来说，缺乏财产规划将导致自己的盈利能力降低。此外，不合理的财产配置也会限制财产的转移，从而引发财产缩水。一般可通过买保险和基金、与理财顾问合作等方式进行财产规划，这样不仅可以加强财产的稳定性，还可以让财产实现保值、增值。

如果不想让自己的财产缩水，那么就必须尽早做规划，想方设法降低风险。我们可以根据自己的实际情况对财产进行管理，合理安排财产的用途。当然，如果我们对自己没有信心，那么也可以寻求专业人士的帮助，这样有利于实现财产的安全与传承。

8.1.3　一病返贫的破解方法

在生活中，一病返贫的现象并不少见，这背后其实是财务隐患。例如，小王患病，不仅需要花钱做手术，还必须用半年的时间休养。他的存款不多，也没有买任何保险，做手术又花了一大笔钱。种种打击让小王陷入困境，不得不向亲戚借钱以维持日常开销。

一病返贫的现象为什么会出现？主要是因为病人病得比较严重，需要高昂的治疗费用。假如小王之前买了股票和基金，由于病得比较严重，可以通过抛售这些股票和基金弥补缺口。如果这还不够，那么他可能还需要拍卖房产。此外，即使小王痊愈了，也可能会因为工作能力降低和资金消耗而没有足够的现金流。

一病返贫一般有三个破解方法，如图 8-2 所示。

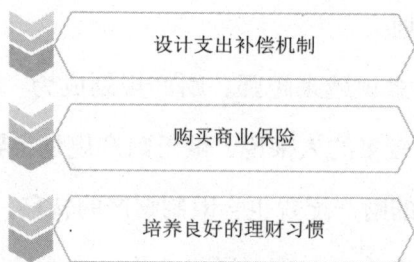

设计支出补偿机制

购买商业保险

培养良好的理财习惯

图 8-2　一病返贫的破解方法

（1）设计支出补偿机制

每个人都应该设计支出补偿机制。例如，你可以在银行开一个账户，每个月向里面存一笔钱，这笔钱只有当你或你的亲人生病时才可以使用。如果没有特殊情况，那么这个账户只存钱而不取钱，即只进不出。你还可以将这笔钱放到余额宝里赚取一些利息，虽然利息不多，但或多或少可以弥补通货膨胀带来的损失。

开一个账户的好处是方便、灵活，操作也比较简单。但这个方法也有劣势，即没有杠杆。也就是说，当你或你的亲人生病时，你能调动的资金只是这个账户的余额和利息，而不会有多出来的钱。不过，这种情况至少比没有钱治病好得多。

（2）购买商业保险

购买商业保险是预防一病返贫的方法之一。只要罹患了合同中约定相应疾病的程度，那么保险公司就会进行赔付。在购买商业保险时，你要考虑多项费用，如手术费用、康复费用、日常开销等。一般来说，你的保额应达到 3~5 倍年收入或 3~5 倍刚性年支出，最低也要达到 30 万元左右才可以确保你在安心养病的同时，不会为日常开销而烦恼。

（3）培养良好的理财习惯

我们的收入可以分为两部分：劳动性收入和资本性收入。其中，劳动性收入的占比在 70% 左右，资本性收入的占比在 30% 左右。当资本性收入逐渐取代劳动性收入时，我们就可以实现财务自由。换言之，我们不需要为了赚钱而工作，也不需要在生病时还必须工作。

资本性收入可通过理财、房租、项目收益获得。因此，一定要有未雨绸缪、居安思危的意识，积极培养良好的理财习惯，让自己的资本性收入逐渐增加。久而久之，我们就可以实现财务自由，不会因为生病而陷入困境。

8.2　"抗击打"能力是如何养成的

正所谓"人无远虑，必有近忧"，为了更好地应对突发情况，每个家庭都必须把眼光放长远，不断提升自己的"抗击打"能力。在具体操作时，可以从三个方面着手：预留足够的备用金、用双十法则计算保额、提升总资产增长率。

8.2.1　为家庭预留足够的备用金

每个人都可能面临着急用钱的情况。为了应对这种情况，我们应该预留足够的备用金。备用金的流动性通常比较强，可以像活期存款一样随时支取。对于备用金来说，最重要的就是必须安全，我们可以为此而放弃部分收益。如果备用金不安全，等到我们有需求时无法快速使用，那就没有太大意义。

在预留备用金时，我们要考虑备用金的数额，这与家庭的实际情况息息相关。那么，应该如何确定备用金的数额呢？具体可以参考以下几个维度。

（1）收入来源。如果你每个月都有固定收入，甚至还在经营收益良好的副业，那就可以多预留一些备用金。

（2）风险承受能力。风险承受能力低、相对保守一些的人可以少预留一些备用金。如果你本身有较多财产，平时又可以通过投资赚取收益，那就可以多预留一些备用金。

（3）支出渠道。如果你的支出比较稳定，而且基本没有数额很大的支出，那就可以多预留一些备用金。

（4）持有现金的机会成本。有些人会通过多种渠道理财，或者有很丰富的人际关系，在着急用钱时可以迅速变现，那就可以少预留一些备用金。

（5）非现金财产的流动性。如果你的大部分财产都是房产和实业投资等变现周期长、变现价格不确定、流动性差的财产，就可以多预留一些备用金，以备不时之需。

少预留备用金意味着预留3个月的备用金即可，这3个月的备用金主要以最近3个月的支出为基数进行计算。例如，你最近3个月的支出为4 000元/月，那么备用金就应该是12 000元（4 000元/月×3个月）。多预留备用金意味着预留6~9个月的备用金，计算方法同上。

预留的备用金应该放在哪里？这是很多人都非常想知道的问题。笔者把备用金分为两个部分：第一部分是账户的存款，应该放在银行的账户中；第二部分是微信、支付宝的存款，应该放在安全性高、合规合法的第三方支付平台上。像这样把备用金分开放有利于降低风险，当我们着急用钱时可以迅速取出。

8.2.2　确保总资产增长率稳步提升

很多人认为现金是摆脱困境的保障，但现金总有用完的时候。我们只有让自己的收益更丰厚，不断提升总资产增长率才可以生活得更好。

总资产增长率是年末总资产增长率与年初总资产增长率的比例（年末总资产增长率 / 年初总资产 × 100%），反映了资产在此期间的增长情况。总资产增长率越高，我们的资产管理做得越好。但是，我们要注意资产增长的质与量的关系，不要对资产的增长情况做了误判。

有时我们的资产虽然在不断增加，但总资产增长率却是下降的，直到趋近于零。每个人都希望在资产不断增加的同时，总资产增长率也可以稳步提升。因此，我们必须对自己的资产进行合理配置，如做投资。我们在做投资时应该打"组合拳"。

（1）投资时间组合

我们要根据资产的使用情况降低投资风险，不要做一次性投资，而应该将资产分期、分批地投出去。不同种类的投资对应的期限往往不同，可以采用长期、中期、短期相结合的方式进行投资。

（2）投资比例组合

我们要进行不同种类的投资，即"不把鸡蛋放在同一个篮子里"。在投资时，因为每个人的风险承受能力不同，经济实力也有差别，所以投资的数额和比例也应该不同。

（3）投资工具组合

我们要进行不同领域的投资。例如，可以采取"投资三分法"，即把自己的资产分为三部分：一部分用于储蓄和买保险；另一部分用于买股票和基金等；还有一部分用于投资房地产、黄金等实物。

"组合拳"式的投资可以帮助我们降低风险，促进总资产增长率提升。在配置资产时除了要做投资以外，还要买合适的理财产品，这样可以为自己提供更全面的保障。

第 9 章

打造保险"盾牌"，防范风险

　　保险是由保险公司运用其优势为投资者争取利益，可以对投资者的资本进行保障与投资。它对资金进行规划与安排，帮助投资者防范疾病与灾难，为投资者解决财务困难，在财富保值方面有很重要的作用。

9.1　关于保险的五个误区

随着理财观念的逐渐转变，保险作为对财产和人身安全的有效保障，近年来也越来越多地受到人们的关注。但在现实生活中，不少人对保险的认识还不够充分，存在一定的误区，接下来为大家分析四个方面的误区。

9.1.1　保险产品与投资产品是一回事

分红险、投连险等保险产品具有较强的保障性及投资性，已成为广大投资者青睐的对象。现在很多保险产品确实具有保障和投资双重功能，但更重要也是最具独特性的还是其保障功能。很多购买了投连险、分红险等保险产品的人在发现收益与预期相差太远后纷纷退保，这是保险市场不成熟的表现之一。这种现象固然与一些销售人员只强调投资收益有关，但部分人购买保险只为了赚钱的不成熟心态也是其走入思想误区的一个原因。

保险的作用是在投保人遭受了理赔范围内的损失时可以得到及时和可靠的经济补偿或者保险金。保险公司推出很多保险产品可以在保障功能的基础上实现资金的增值，但相对于其他金融产品，其收益依然不具有优势。

所以，我们要理性投资，避免走入保险的误区，绝对不能把买保险当作投资。此外，在投保时切勿重回报、轻保障，不要将保险的功能本末倒置，在有足够保障的前提下再考虑收益才是正道。

很多人在购买保险产品时不愿意选择消费型保险，而更愿意选择投资型保险。其实，消费型保险的保费不高，而且具有保障功能。但是，因为保险事故的发生并不是必然的，所以很多人不太愿意投保。我们要知道，保险预防的就是意外事件的发生。一旦发生意外事件，保险就能真正发挥作用。

因此，我们应当重视保险产品的保障功能，不能只关注其投资功能，过于偏向投资型保险，而忽略了如意外险、重疾险等消费型保险，这是不正确的做法。

9.1.2　先为老人和小孩配置保险

很多人现在都处于上有老、下有小的阶段，因此，他们在购买保险时往往陷入一个误区——老人和小孩发生风险的概率更高、更应当被保护与关怀。所以，他们在购买保险时会优先考虑老人和小孩，自己能省则省。

给孩子购买保险固然是好事，但实际上购买保险的原则应该是"先大人后小孩"。因为大人是家庭的经济支柱，也是孩子和老人的依靠。大人承担的责任比较多，一旦他们因为意外和疾病而丧失工作能力，整个家庭都将陷入困境，孩子的保费也无从缴纳，保单到期后就会因无法及时续费而失效，更无法为孩子提供保障。如果大人发生了意外，没能得到保险的支持,小孩的生活品质、教育的费用、保险的费用也就都难以保障了。

所以,家长应当在投保时优先考虑经济支柱,给自己投保比给孩子投保更重要。只有作为经济支柱的家长平安健康,才能给家庭和孩子一份保障。

在买保险时有以下五大原则需要牢记:

(1)先人身,后财产;

(2)先大人,后小孩;

(3)先规划,后产品;

(4)先保障,后理财;

(5)先保额,后保费。

9.1.3 忽视保费与保额的关系

如果某人突然生病或死亡,那么在有多份保险的情况下,理赔通常是不冲突的。在现实生活中,许多投保人总是存在一种误解:在多家保险公司投保,等到出险后,各家保险公司均应在其保额内给付保险金。实际上,如果真是如此,那么很可能会造成资源浪费。

因此,在各家保险公司的条款中,均明确要求提供费用原始凭证作为获取赔偿的必要条件,复印件或其他凭证均不被受理。

在投保时如果不按财产的实际价值确定赔偿金额,那就是浪费保费。赔偿金额越高,保费通常也越高。特别是重疾险,30 万元保额、50 万元保额和 100 万元保额的保费就有很大差别。盲目地把保额提高,增加许多不必要的负担,一旦影响了家庭的生活质量,那就会得不偿失。

保额的确定要以险种为基础,我们要据此选择最适合自身情况的保额。

（1）重疾险

重疾险俗称"大病险"，其理赔金可以用于术后营养费、住院费、重疾期间的日常开销等支出。家庭经济支柱如果发生大病，长期不能正常上班，收入直接受到影响，那就需要重疾险保障因病休养期间的正常支出。

医学中有一个概念叫"5 年生存率"，即 5 年后身体情况良好可在临床上视为治愈。在购买了百万医疗险、意外险的前提下，重疾险的保额一般是年收入的 3~5 倍，如一个女性的年收入是 10 万元，其重疾险的保额买到 30 万 ~ 50 万元是比较合理的。

（2）医疗险

医疗险属于报销型保险产品，根据被保险人实际花费的医疗费用进行报销。我们在投保时最好选择不限社保报销的医疗险。目前百万医疗险的保额一般在百万元以上，我们在一年内很难用完这部分保额，基本可以满足我们的需求。

（3）意外险

如果是成人，特别是家庭的经济支柱购买意外险，那么保额建议在年收入的 5~10 倍。即使预算不充足，保额也要覆盖家庭的负债、5 年内的开支等。此外，投保意外险还要多关注保障内容，特别是伤残保障。

如果是未成年人购买意外险，那就需要注意对其身故理赔金的限制了。一般投保人不满 10 周岁，身故理赔金不得超过 20 万元；投保人在 10 周岁以上、18 周岁以下，身故理赔金不得超过 50 万元。

（4）定期寿险

定期寿险可以防范身故风险，其保额一般为负债、子女抚养费用、老人赡养费用的总和。投保人根据自己的经济能力和家庭的风险缺口对其进行灵活调整即可。

　　在预算有限的情况下，投保人更应该对保额进行规划，确保每一分钱都花在刀刃上，而不是盲目地追求高保额，最终导致保障不全面还浪费了保费。

9.1.4　储蓄和投资比保险更重要

　　很多人经常将保险与储蓄、投资做比较，认为保险是一个消费过程，不像储蓄那样可以保住本金，也不像其他投资产品那样可以换取高额的收益。其实，这三者针对的情况与要达到的目的是完全不同的。

　　之前已经提到保险与投资的区别，这里主要介绍保险与储蓄的区别。保险的一个非常重要的功能是保障功能，可以满足人们降低和转移风险、在必要时能得到经济补偿的需求，属于承诺型产品。

　　对于经济条件一般的人来说，保险解决的是在发生意外情况时，收入突然中断导致的经济来源问题；对于经济条件优越的人来说，保险的作用主要是保全财产，减少风险带来的损失。

　　保险和储蓄都是可以帮助我们应对风险的办法，但它们之间还是有很大区别的。储蓄的灵活性较强；而保险的保费则通常是不能随意取回的。储蓄是一种自救行为，没有把风险转移出去，损失全部由自己承担。如果发生意外，而钱还没存够，就会使我们陷入困境。保险则能通过获得保险金帮助我们渡过难关，可以把风险转移给保险公司，这是一种互助行为，做到花小钱解决大问题。尤其是一些保障型保险，每年只需花几百元、几千元就能换来几十万元的保额。

　　而且，现在不少储蓄型保险都设有保费豁免条款。也就是说，当投保人因意外伤害事故死亡或残疾时，可以不再继续缴纳保费，但仍可享受保障。例如，各家保险公司的少儿教育险，一旦投保的父母发生意外，无力继续支付保费时，孩子的那份保险可以继续生效。这就体现了保险的保障功能，其他教育储蓄、基金投资等都没有这种功能。

只需记住一点，相对于储蓄而言，保险能以较低的费用换取较大的保障。一旦事故发生，保险可以为我们提供保障时，保额远远超过投入的保费。

9.2 两类常见险种的操作方法

保险的主要品种有寿险、分红险等。不同品种的保险有不同的特点，投资者应当对其进行充分了解后再购买，以避免自己遭受不必要的损失。

9.2.1 寿险的操作方法

寿险是指在保险合同约定的保障期限内，如果被保险人死亡或全残，则保险公司按照约定的保额给付保险金；如果保障期限届满被保险人健在，则保险合同自然终止，保险公司不再承担赔偿责任。寿险的保障期限有 10 年、15 年、20 年，或到 50 岁、60 岁、终身等约定年龄等多项选择。此外，有些寿险还可以终身为被保险人提供保障。

被保险人按照规定按期缴纳部分费用给保险公司，保险公司则保障被保险人的安全。在保障期限内，被保险人如果出现保单上已经约定的保险事故，那么保险公司会给予其一笔费用作为补偿，这笔费用是随着保额不断增长的。

虽然寿险无法给投资者带来大量财富，但相对于个人安全而言，它首先为投资者提供了保障。与其他险种相比，寿险较特殊，它是对人的身体健康进行保障的险种，具有保障期限越长，合同条款越复杂的特性。因此，寿险有一些只适用于自身的特殊条款，如图 9-1 所示。

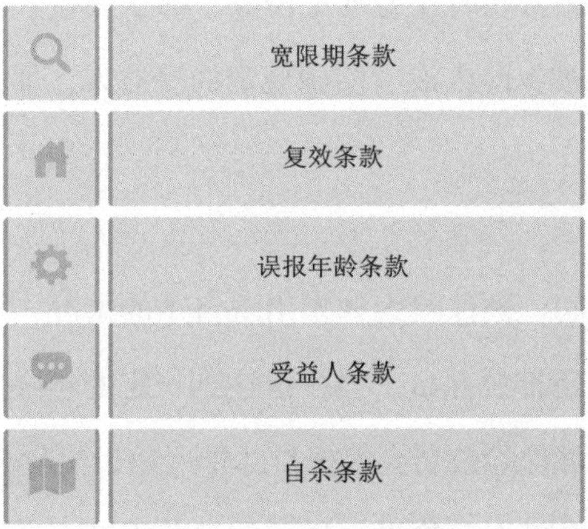

图 9-1 寿险的特殊条款

（1）宽限期条款

在投保人缴纳完第一期保费的基础上，从第二期开始，如果投保人因为某些特殊原因延缓了对保险的缴纳时间，那么在 30~60 天之内，保险依旧属于生效阶段，被保险人依旧受到保险的保障。被保险人必须在宽限期内尽快缴纳保费，过期依旧无效。在宽限期内，被保险人如果出现任何问题，那么保险公司依旧予以赔付，只不过需要扣除其所欠费用。

（2）复效条款

如果宽限期已过，被保险人依旧没有缴纳所欠费用，那么保险则处于失效状态。但是和其他险种略有不同，寿险还存在复效条款，也就是在一定的时间内，被保险人可以向保险公司针对失效的保单申请恢复其保障性质。

（3）误报年龄条款

很多人在投保时存在误报年龄的情况，这时寿险可以给予被保险人一次修改年龄的机会。

（4）受益人条款

如果投保人在买寿险时没有规定份额，那么受益人可以得到相同比例的资金补偿。如果被保险人没有明确规定的受益人，那么赔偿金会当作遗产进行分配。

（5）自杀条款

在投保成功期间，被保险人如果出现自杀的情况，那么保险公司不会予以赔付，只会退还部分保费。当投保达到一定的年限后，被保险人如果出现自杀的情况，那保险公司会根据具体情况赔付保险金。

以上五项条款是针对寿险设立的，在某些程度上是不适合其他险种使用的，投资者需要明确其特性。

对于大部分成年人来讲，寿险可以让其在家庭责任最重大的时期以较低的保费获得最大的保障。

另外，很多私人企业所有者往往将企业资产与个人资产合二为一，一旦他们自己发生风险，将直接影响企业的正常运转，导致家庭的生活水平下降。在如今这个注重信誉的时代，寿险也是个人经商、创办实业的信誉保证。

对于有房贷的人来说，寿险也是很好的选择，其保额和房子的贷款总额相当，保障期限和还款期限差不多即可。

9.2.2 分红险的操作方法

分红险是指保单持有者有分享保险公司利润的权利，也就是保单持有者可以得到建立在保险公司经营业绩之上的收益。分红险主要有以下四个特征。

首先，分红险能够让保单持有者分享保险公司的利润，这个利润是按照比例进行分配的，在分配前会有一个定价假设，但实际利润往往高于这种假设。

其次，保单持有者既然能够获得经营成果的分红，当然也需要承担相应的风险。保险公司如果经营不善被接管或收购了，保单持有者投资的资金收益也将受到影响。因此，这种投资存在一定的风险。

再次，投资者在投资这种保险时会获得保单，保单上有定价假设。定价假设的计算形式一般比较保守，因此，投资者最终获得的收益往往会高于定价假设。

最后，当投资者希望退出分红险，赎回投资金额时，退回的保金中依旧含有相应的红利，这也是投资者最后一次得到分红。

分红险的利润主要来自保险公司的三差收益，即利差异、费差异、死差异。保险公司对所得利润进行分配的方式主要有以下两种。

（1）现金红利

保险公司会对本年度盈利进行测算，制定利润分配方案。当然，保险公司是不会将所有盈利都作为红利进行分配的，而会根据自身经营状况在保障自身能平稳运行的情况下对部分红利进行分配。而未被分配的红利则会留存在保险公司，用于后期的红利分配或赋予股东权益等方面。

（2）增额红利

保险公司会以增加保额的方式分配利润，而保单持有者只有在发生问题、保障期限届满、退出分红险三种情况发生时才会获得分红。增额红利主要由定期增额红利、特殊增额红利、末期红利三个部分组成。

增额红利可以保证保险公司的红利水平稳健上升，没有大量现金流出，有利于保险公司的长期投资。这在一定程度上增加了保单持有者的收益，但其得到的分红只能用于增加保额，等到保单到期时才可以获得最终收益。

这两种分红方式各有利弊，投资者还是应该擦亮眼睛，根据自身需要和接受能力进行选择。

相对于其他类型的险种而言，分红险的保费较高，对投资者最终获取利润有一定的保障。但其分红水平是根据保险公司的经营状况决定的，需要投资者与保险公司共同承担风险，共同分享经营成果。因此，它可能存在无收益的风险。

保险公司的红利由三差收益而来，当实际情况优于预测情况时，红利会增加，投资者的收益也会增加。

投资者在购买分红险时主要容易掉入以下三个陷阱：

第一，保险业务人员夸大回报率；

第二，分红险能够抵御通货膨胀；

第三，分红险绝对不会赔钱。

因此，投资者在投资分红险时不能盲目，需要考虑以下三个方面的因素，如图 9-2 所示。

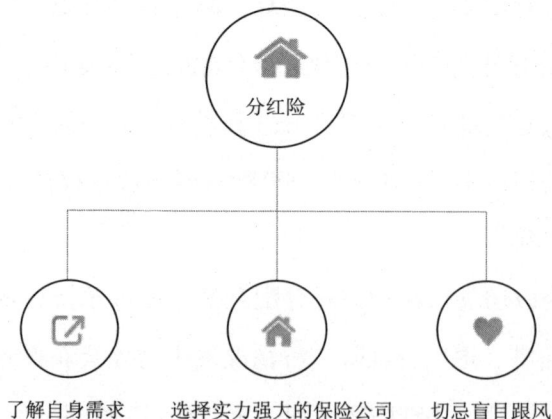

图 9-2 投资分红险需要考虑的因素

（1）了解自身需求

投资者在购买分红险前需要了解自身需求及抗风险能力，这种保险比较适合收入稳定且在短期内没有大量资金使用需求的投资者。此外，如果出现突发事件，投资者还可能需要以退保的方式变现。这种方式存在风险，有可能会伤及本金。

（2）选择实力强大的保险公司

与其他类型的险种不同，分红险的收益是不断变动的，投资者的收益和保险公司的经营状况有着密不可分的关系。保险公司运营得越好，投资者的收益就越高，获得的分红也就越多。

因此，投资者应该在投保前先调查保险公司的综合实力和经营现状。不仅如此，投资者还需要考虑保险产品本身涉及的内容、责任归属、费用等。选择实力强大的保险公司不仅能降低风险，还能不断提升收益。

（3）切忌盲目跟风

很多投资者听说分红险的收益丰厚，便盲目地购买，这种方式是不科学的。投资者在选择保险产品时要理性一些，应首先考虑保障方面的问题，如医疗健康保障、意外伤害保障等；其次再寻求获得收益。

综上所述，投资者在投资分红险时要考虑自身需求，选择综合素质高的保险公司进行投资，而且在选择险种时要在保障资金安全的前提下追求高收益。

9.3　防范保险风险的技巧

保险是资产配置方案的重要组成部分，它不仅为投资者赚取收益，还保障了投资者的人身与财产安全。它涉及的范围比较广泛，而且不同的保险产品具有不同的特点，投资者要据此进行选择。但是，它也有一定的风险，如有些投资者不了解保险合同及理赔流程，导致无法及时获得理赔，使自己遭受不必要的损失。

9.3.1　了解保险合同及理赔流程，加速理赔

保险的实质是投资者缴纳一部分资金保障在未来阶段内自身、财产、投资项目等内容的安全性。一旦出现意外，投资者可能会遭受损失，而这种损失通常由保险公司承担，投资者则可以继续正常地生活下去。但是，如果投资者没有掌握理赔技巧，那么在向保险公司要求弥补损失时可能会出现意外情况，如保险公司不予理赔等。

要想快速、高效地完成理赔，投资者就需要对保险合同及理赔流程进行了解。投资者首先了解保险合同的内容，以免投资者忽略重点事项，产生隐患与纠纷。

保险合同主要包括五项内容：投保范畴（包括被保险人的年龄、性别等，不同的险种在各方面的限制略有不同）、缴费时限（关注在保障期限和保额一定的情况下，保费的缴纳方式与时间限制）、保障期限（后期是否续约是投资者在保障期限即将结束时需要考虑的问题）、保额（投资者需要格外关注的内容）、保险责任（关注在承保期间，保险公司需要承担哪些责任，以及在怎样的条件下需要进行怎样的理赔）。

接着为投资者讲述理赔流程。理赔流程大致分为报案、申请、审核、结案支付四个环节。在一般情况下，保险公司为了拼效率，都会尽量缩短理赔时间。

例如，平安保险已经推出了闪赔服务，从案件受理到理赔通知只需约

30分钟。平安保险提供的数据显示，在2021年上半年，其闪赔服务的赔付金额已经超过2 300万元，赔付案件数量达到1.5万件，最快结案时间仅为2分钟，如图9-4所示。

图 9-3　平安保险的闪赔数据

选择平安保险这样有闪赔服务的保险公司可以在一定程度上防范保险风险。但除此以外，尽快报案（出险三日内）也是确保理赔权益的重要方式。例如，在面对住院医疗案件时，入院即可报案；在面对重大疾病案件时，达到保险合同的约定条件即可报案；在面对意外类案件时，意外发生后即可报案。不同的保险公司，报案途径不同，如平安保险的报案途径包括拨打95511、登录金管家App或者安e赔小程序等。

总之，为了不让保险合同和理赔流程影响自己的利益，投资者应该提前了解自己所购保险的相关事项，将投保人和被保险人的个人信息如实告知保险公司，找专业靠谱的代理人分析情况，保留完整有效的就诊记录和检查报告等依据，让自己少走弯路。

9.3.2　警惕等待期，维护自身利益

我们在投保过程中会发现，除了车险和意外险以外，从缴纳保费到保险

真正生效，中间通常隔着一定的期限。从投保人缴纳首期保费到保险公司出具保单的这段时间，被称为等待期。如果投保人在此期间出险，对于保险人是否应该承担保险责任，现行法律没有明确规定，容易引发争议和纠纷。

同样的情况除了会出现在首次购买保险时，也非常容易出现在续保时。很多人认为续保是无缝对接的，其实这里存在认识误区。之所以出现纠纷，在很多情况下都是投保人不太明确保费续缴日期造成的。即使投保人已经续缴了保费，在出险时也可能会出现被认定处在等待期内，不予理赔的尴尬情况。

无论首次投保还是续期投保，了解新保单的保障到底从哪一刻开始都非常重要。通常由投保人发出要约邀请（也就是约定起讫日期），然后由保险公司接受要约，最后保险合同成立，才开始新保单的保障。当然，在约定新保单的生效日期时，保险公司的工作人员通常会建议新保单的生效日期最好接着上一份保单的效力结束日期，以便无缝对接。

投保人在投保前应当充分了解并认识到等待期及其风险的存在。在现行法律下，投保人在没有拿到正式的保单前，发生保险事故很有可能无法获得赔偿。因此，投保人有必要挑选一个诚实可信、具有良好业务素养的保险代理人，并要求保险公司及时签发并送达保单，尽量避免等待期的产生。

9.3.3　定期为保单做体检

有些人了解保险的价值和作用，也为自己和家人配置了保险，但从来不会为自己的保单做体检，其实这样很容易引发风险。对于购买了保险的人来说，每年为自己的保单做一次体检应该是雷打不动的事情，这件事情的重要性包括以下几点。

（1）了解自身权益。很多人在投保时不认真看保单的条款与内容，定期复习一次保单有助于了解自己享有的权益。

（2）修正基本资料。及时修正填写不够谨慎的信息，如职业、投保人、受益人等，可以有效地减少理赔过程中可能因为疏忽大意而造成不必要的麻烦。

（3）整合家庭保单。有些人喜欢低调投保，未将投保情况分享给亲人。为保单做体检可以汇总和整理全家人的保单，避免重复购买，在发生事故时受益人也可以及时申请理赔。

（4）及时整理"万年保单"。一成不变的保单便是"万年保单"。保险公司会定期推出新产品，而保单体检可以让专业的代理人介绍更符合需求的新产品，有利于补足保单。

（5）弥补人情保单缺失。很多人都不清楚人情保单的投保动机与需求，仅仅是在亲朋好友的劝说下购买。保单体检可以对类似不合适的保单进行调整，维护自己的权益。

（6）使保障符合实际需求。由于专业程度不够，很多人在购买保险时并未考虑保额。但是，在成长、求学、立业、结婚、生子等不同时期，我们会有不同的经济条件和保障需求。及时为保单做体检，可以不断完善我们的保障体系。

保险业有这样一句话"不买贵的保险，只买对的保险"。我们应该尽快行动起来，为自己的保单做一次年检。对于一些"鸡肋保单"，我们要秉持"长痛不如短痛"的原则，及时将其从保障体系中剔除。最后要给大家一点诚恳的建议，找一位专业的保险经纪人帮助自己完成保单体检，会有事半功倍的效果。

第四篇

生钱的钱的规划方案

第10章

生钱的钱：投资让你获取高额收益

在总资产中，生钱的钱通常占比在 30% 左右。我们可以用这部分钱进行投资，以获取高额回报，尽快实现财务自由。

10.1 投资其实没有那么难

很多人在投资前总是有很多顾虑与恐惧，这些情绪往往来源于对投资风险的不确定，以及对自身理财能力的担忧。接下来为大家分析三种最常见的心理并提供疏导方法。

10.1.1 消除恐惧心理，及时止损

我们在进行投资时，总会伴随着无穷无尽的恐惧心理：我能否赚到钱？我能否保证本息安全？这种恐惧心理很容易让我们失控。那么，作为投资者，我们应该如何管理这种恐惧情绪呢？

习惯了投资固定收益类理财产品的人，在第一次接触其他种类的理财产品时，最担心的都是亏损。当知道某种理财产品并不一定能保本，也没有稳定的预期收益时，很多人都会迟疑，甚至望而却步。

还有一些人受到高收益的诱惑，在投资前低估了自己对亏损的恐惧。

但当股市下跌、基金亏损、行情变差时，他们对亏损的恐惧会被迅速放大，陷入了煎熬中。当发生亏损时，投资者的心态在短时间内会受到很大影响。

在投资前，我们应该做好管理恐惧情绪的准备。建议要采取以下措施，提高自己的风险承受能力：

（1）用 3~5 年不用的闲钱投资；

（2）不要重仓一两个投资品种；

（3）控制仓位，将风险控制在自己可以接受的范围内。

除了害怕亏损以外，止损也是一个常见的问题。止损也称"割肉"，是指当某项投资出现的亏损达到预定数额时，及时斩仓出局以避免形成更大的亏损。其目的就在于当投资失误时把损失限定在较小的范围内。

很多人在投资时，即使亏损已经发生，也缺乏及时止损的勇气。如果理财产品已经没有多少投资价值，但投资者又一定要等到回本了才止损，那么也很容易形成恐惧情绪。因为他们害怕把预期亏损变成实际亏损。

其实，我们在判断理财产品是否具备继续持有的价值时，应该以能够理解的投资逻辑为基础。如果投资逻辑没有错，那么就应该坚守；如果投资逻辑是错误的，那么就应该及时止损，以较小的代价博取较大的利益。

止损的理念类似鳄鱼法则。鳄鱼法则是指假设一只鳄鱼咬住你的脚，如果你试图用手去挣脱你的脚，那么鳄鱼便会同时咬住你的手和脚。你越挣扎，被咬住的地方就越多。所以，此时你唯一的机会就是牺牲一只脚。

放在投资市场里，就是当你发现自己的交易背离了市场方向时，必须立即止损，而不应有任何延误，也不应存有任何侥幸心理。股市中的无数事实表明，一次意外的投资错误足以致命，但止损能帮助投资者化险为夷。

因此，在投资前需要给自己预设一个止损关键点，它代表了我们能接受的亏损。之后在投资过程中，我们必须严格自律地坚持这个预设的止损关键点。

10.1.2　理解风险和市场的波动性

在投资前必须明确，市场永远是波动的，我们要正确认识这个波动，并试着接受这个波动。波动性是衡量市场风险的一个要素，它与纯粹的风险并不完全相同。人们口中说的风险，实际上应该是一种指标，用于衡量投资回报和在这个回报下可能要面临的损失。

风险和波动性之间的关系并非一成不变。甚至某些时候，波动性会站在风险的对立面。在某些情况下，随着外部环境的变化，即使波动性未改变，但是投资者面临的风险很可能已经发生了变化。

我们无法抗拒波动，也无法完全规避风险，但我们应该学会如何平静地面对正常的波动，以及如何控制可能到来的风险。风险是普遍存在的，它需要被转移。如果想要有人承担风险，那就要给予风险承担者更高的回报，即风险溢价。我们需要让风险产生的后果尽可能地在我们的所能承受范围内，需要考虑资产配置情况、风险溢价的高低。

坦然地接受市场波动，甚至学会拥抱波动，在波动中发现新的机遇，不是恐惧它而是利用它，这样投资者才能真正在市场中站稳脚跟。

10.1.3　克服错失恐惧症，理性思考

错失恐惧症最早由作家安妮·斯塔梅尔在美国《商业周刊》上的一篇

文章中使用，特指那种总在担心失去或错过什么的焦虑心情，也称"局外人困境"。

在分秒必争的投资交易市场，错失恐惧症几乎成了投资者的天敌，它正在暗中影响着投资者的决策，动摇着投资者的理性思维。绝大多数投资者的资产都是在频繁的交易中损耗掉的，因为他们怕错过每一个机会。投资者选择的机会越多，失误的次数可能也就越多。其实，保持耐心，理性分析每一次变化，等待正确的机会，才可以增加交易成功的可能性。

产生错失恐惧症的原因有对交易缺乏耐心、对投资没有长期规划、对收益期望过高、对自身理财能力缺乏自信或过度自信等。

如何才能克服错失恐惧症呢？下面介绍一些简单的技巧和观点，可以帮助我们更好地摆脱它。

（1）过滤器和规则

你需要有属于自己的完善的交易系统。交易系统可以给你一个特定的入场、离场、目标设立、交易管理及风险控制的规则。明确的规则将确保你在交易时有一定的系统性和一致性，有利于规范你的交易行为。

（2）不在 K 线运行过程中做决策

投资者需要遵循这个简单的原则：只在 K 线运行结束时进行入场和离场的决策。在 K 线运行到中间时段进行决策通常是由情绪驱动的，这个简单而有效的原则可以极大地改善你的交易状态。

（3）了解你的交易系统和时间框架

了解你的交易系统和时间框架非常重要。你预期每天或每周交易多少次？在没有明显的交易信号时，你的等待时间或持仓时间是多少？回测你的交易日志，寻找这些数据，能够帮助你冷静下来，对交易行为进行更恰当的约束。

（4）培养交易的自律和自尊

增强自己的自律能力，培养自信心与自尊心，这能非常有效地帮助你在交易过程中维持良好且平稳的心态。

10.2　警惕六大投资陷阱

许多人在理财时会进入"财越理越少"的困境，因为他们缺少正确的理财观念。缺乏经验的投资者常常会面临投资陷阱，稍有不慎便会掉下去，使自己遭受损失。

10.2.1　投资贵金属一定不会出错

贵金属投资主要指投资者在看好贵金属市场的情况下，以低买高卖的方式赚取差价的过程，目的是实现财产的保值与增值。在贵金属投资中，最常见的是黄金投资。这种投资由来已久。由于黄金属于稀缺资源，价值较高，且被全球各国家与地区认可，因此，这种投资不需要投资者承担过多税务和过高风险，在一定程度上可以实现财产的保值甚至增值。

下面以黄金投资为例说明贵金属投资的优点。

（1）保值性较强

黄金是稀有的资源，它的价值得到了全球人士的认可，已成为投资界比较稳健且备受推崇的项目。它备受推崇的一个原因是保值性强，即价值不会随着时间与环境的变化而产生巨大变化。

例如，白先生在某个国家用黄金兑换了一些货币，但他突然要去另一个国家办事，却来不及将现有货币进行兑换，此时，黄金就可以起到作用。白先生所到国家无法使用上一个国家的货币，也不支持货币兑换，所以，他使用黄金进行货币兑换。黄金是根据国际金价进行价值鉴别的，不会存在亏损问题。

由此可见，黄金的保值性较强，不会因为时间、地域、政策、经济等因素而降低自身价值，甚至很多时候还有升值的可能。

（2）有效对抗通货膨胀

黄金是一项被国际认可的有价值的流通物品，从来不愁买家和卖家。很多银行或机构都愿意为黄金拥有者发放短期贷款。面对通货膨胀，黄金这种可以保值、增值的物品可以很好地与之对抗。

无论在任何经济环境还是政策环境下，黄金的价值都很难受到影响。当面临通货膨胀时，无论供大于需，还是需大于供；无论物价升高还是降低、货币升值还是贬值，黄金的价值都不会有很大变化。

而且，黄金市场也不会被恶意操控，因为它属于全球性投资市场，当前还没有任何一个国家或财团能有如此高的经济实力对它进行操控。因此，黄金市场是一个透明的交易市场，投资者在投资时会获得极大的保障。

当然，除了优点以外，贵金属投资也有一些缺点，例如，投资者必须有充足的流动资金，交易规则和交易技巧需要学习和练熟，交易不连贯，交易成本较高等。在实际投资中，投资者还是应该衡量自身情况，采用多种理财手段合理配置理财组合，从而实现收益最大化。

10.2.2　理财一定要找专业人士

很多投资者对专业人士盲目地信任，认为他们有更多的信息获取渠道和更强大的信息分析工具。毋庸置疑，专业人士确实会对投资者做出正确的市场判断有帮助。但是，市场是一个复杂的系统，不会永远朝着投资者期望的方向发展，更不是这些所谓的专业人士能完全掌控的。

此外，投资者要学会判断专业人士的话，筛选出其中真实有效的部分。每个投资者都应该知道，市场是千变万化的，个别产品表现良好可能有很多原因，不一定就能帮助自己赚钱。

专业人士有一定的可信度，但其建议只能作为一份有价值的参考。在大多数情况下，投资者需要自己判断，选择相信自己，不被他人打乱自己的阵脚。只有投资者才最清楚自己需要的是什么、能承受的风险有多高。在投资中，有时恪守一些简单的投资规则比钻研高超的战术更有效。

10.2.3　只要做股市"劳模"就能赚钱

很多人将投资回报不够高的原因，归咎于自己不够努力，投入的时间不够多。但其实很多时候是因为这些人采用的方法出现了问题。当方法出现问题，效果与预期产生偏差时，投资者越努力，反而会越失望。

在过去 200 年左右的时间里，散户在股市中获得的平均回报为 2% 左右，远远低于股市增长的平均值。这些人在股市中投入的时间和精力很多，也非常努力，但最后依然是"竹篮打水一场空"。因此，对于投资者来说，掌握适合自身情况的方法尤为重要。下面介绍五种股票投资派别推崇的方法供大家参考。

（1）技术投资派

技术投资派会根据上市公司的历史股价变化情况，以 K 线图作为依据进行股票投资。这类人一般不关注上市公司的实际运营状况，只是根据股票的历史数据预测其价格变化。他们使用的工具主要是 K 线图，常用的指标有 RSI（相对强弱指标）、DMI（动向指标）、MACD（异同移动平均线）。

技术投资派是目前市场上最受股民欢迎的派别，其推崇的方法操作简单、见效快，适合短线投资，但风险比较大。

（2）宏观投资派

宏观投资派主要通过国家宏观经济分析判断股票的整体走势。国家宏观经济分析需要大量的专业知识，且必须了解国家的政治、文化等情况，同时还应该把世界经济、国家经济的发展与上市公司的发展结合起来。

投资者需要分析经济逻辑关系、国际贸易关系。由于影响国家宏观经济走势的因素非常多，而且极不可控，因此，其预测难度大、风险高，要求投资者有比较强大的专业素养。

（3）有效市场派

有效市场派认为现有股价能够充分反映资本市场的可用信息，不需要投资者对上市公司进行研究。也就是说，现有股价已经反映了上市公司的运营状况、盈利状况，投资者不用再费时、费力地通过看财务报表分析其价值。对投资者来说，投资重点在于投入资金，买多只股票分散风险。

（4）成长投资派

成长投资派致力于投资有潜力的股票。那么，投资者如何寻找有潜力的股票呢？比较好的方法就是看财务报表、实地考察、关注公司的业务发展情况、收入增长情况或利润增长情况。当然，仅仅这样是不够的，投资者还需要对公司的未来发展趋势进行判断。成长投资派需要敏锐的直觉和市场洞察力，善于发现有前景的公司和有潜力的股票。

（5）价值投资派

价值投资派注重实业投资思维在股市的运用，投资者要把自己当成公司的长期股东。价值投资派通过研究公司的财务信息、经营策略、行业走势等因素估算其价值，在股价低时买入股票并长期持有，等股价上涨时卖出股票获取利润。投资者就像鉴宝人一样，通过自己拥有的各类信息判断公司应有的价值。价值投资派是入门比较简单且风险低的一个派别。

10.2.4 跟着其他投资者买股票

股票的种类繁多，但不同的投资者一般有不同的投资方式。有些投资者喜欢盲目跟风，总是跟着其他投资者买股票，即其他投资者向他推荐什么股票，他就买什么股票。这种行为是错误的，因为其他投资者可以承受的风险，自己不一定能承受。所以，投资者需要了解自身情况，选择适合自己的股票，不要盲目跟风。

投资者在投资股票时只要有了正确的理念指导，就可以很好地找到适合自己的股票。具体的股票分析方法有以下四种。

（1）投资者在买股票时不应该局限于自选股，还应根据整个市场的特点选择热点股。根据大盘强弱、板块热点等情况判断是否需要买股票。对于持续性比较差的股票，即使涨停，投资者也不要买入。

（2）投资者买入高分红的大蓝筹股通常不会有大的亏损，因此，即使该股票暂时被套，那经过一段时间的反抽和反包，叠加分红，投资者一般也能平稳出局。

（3）投资者可以在看到明确的买入信号后买入股票，或者在股票启动点果断买入股票，这是正确的做法。此外，投资者需要关注资金流向，跟随市场趋势买股票，这样一般也不会出错。

（4）当新题材出现时，投资者应该第一时间买入龙头股票或龙二股票，这样一般比较安全。当第二天出现高开势头时，龙头股票或龙二股票一般会大幅上涨，甚至涨停，溢价会非常高。在这种情况下，如果投资者及时将其卖出，那么就可以获得比较高的回报。

投资者在掌握了上述股票分析方法后便可以尝试性地体验股票投资。

10.2.5　采取"鸵鸟"策略以确保资金安全

在股票投资中，我们应该拒绝"当一只鸵鸟"。股票的实际价值取决于当下的交易价格，而不是当初投资者购买的价格。股票的实际价值并不会因为当初购买的价格高就变高，更不会因为购买的价格高就一定会上涨到购买的价格。

有些投资者会说："我手上的股票不卖出，总有一天会上涨的，现在卖了就亏了。"其实这句话只说对了一半，一只优质的股票会在熊市下跌，在牛市再创新高，但前提是该股票能够反弹拉升，而且投资者必须有能力选中该股票。

一家公司的好坏不仅要看其当下的表现，还要注意其将来是否还能持续成长，仅靠其目前的行业地位是很难对其前景和潜力进行判断的。投资者不仅要对自己手中的股票有信心，还要关心公司的发展方向和战略纲要。

有些股票在下跌后的几天或几周就能重回新高，而有些股票则可能面临退市风险。一旦股票涉及退市风险，投资者到时只能欲哭无泪。

如果公司没有出现利空情况，股价只是因为整体市场的回调而下跌，那么投资者可以继续持有自己手中的股票，等待加仓机会。但如果公司出现了利空情况或违法违规事件，那么投资者就应该提早卖出股票，止损离场。

投资者在没有卖出股票前永远都不知道自己是盈利还是亏损。投资者应该有自己的投资方式，思考在股价下跌后如何应对、在股价跌幅超过20%后怎样做，而不是等着股价"回血"翻红，那样很容易错失新的机会，甚至会使股价出现更大幅度的下跌，属于得不偿失的操作。

10.2.6 大量购入低价股票

有些投资者喜欢买低价股，因为不需要花很多钱就能买到很多股票，盈利比较有保障。其实，低价股未必能保障投资者的盈利。伯克希尔·哈撒韦公司的股票曾经卖到 24 万美元 / 股，虽然其价格比较高，但依然受到了投资者的追捧。这就告诫投资者，在买股票时，除了要看价格以外，还要看盈利能力、成长率、未来走势、发展前景等诸多因素。

投资者购买低价股就如同用人民币换了很多低价值的东西。所以，投资者盲目地追求低价股票且希望它暴涨是不现实的。

第 11 章

股票投资：掌握财富升值之道

很多投资者在积累了大量收益后会选择再度投资的方式进行财富升值，也越来越看重股票投资这种高风险、高收益的投资项目。著名投资家杰西·利弗摩尔曾说："人们认为股票投资只需简单的技巧，没有将其视为一门像医学或法学这样依靠不断的知识积累和学习，才能掌握的赚钱课程。"

虽然很多投资者认为股票投资就是在简单快捷的"一买一卖"中获利而已，但实际上，其需要投资者在买卖前对自己选中的股票进行研究，对价位、市场、心理承受能力进行分析。投资者要想进入股市，需要重新审视自己的投资能力。

购入上市公司的股票，投资者就成为这家上市公司的股东，其权益体现在对利润和资产的分配上。投资者选择这种方式进行理财，需要先了解股票投资的主要环节、思维方式与操作技巧，同时还要警惕股票投资的风险。

11.1　股票投资四个主要环节

我们在进行股票交易时需要注意一些要点，以下从开户、看盘、买入、卖出这四个最需要技巧的环节进行介绍。

11.1.1　开户：选择适合自己的开户方式

开户是指投资者在证券交易市场上买卖股票前在证券公司开设证券账户和资金账户，并与银行建立储蓄等业务关系的过程。

随着证券交易的发展，开户分为现场开户与非现场开户。其中，现场开户是指投资者在证券公司营业部柜台办理开户的过程，非现场开户包括见证开户、线上开户及中国结算公司认可的其他非现场开户。

在非现场开户中，最常见的方式是线上开户。线上开户是一种投资者自主、自助开户的方式。投资者需要通过证券公司指定的电子认证服务机构申请数字证书，并以数字证书为基础在网上办理开户。

无论投资者选择哪种方式办理开户，都不能忽视证券市场的风险，必须提前做好充足的准备。投资者在证券市场进行投资时需要正视可能出现的风险，掌握一些实用的证券知识，认清社会环境，把握时机，选择合适的投资方式，并制订完善的投资计划。

11.1.2　看盘：看盘步骤+盘感养成策略

看盘就是投资者根据各种指标判断股价涨跌的工作，一般有三个步骤，如图 11-1 所示。

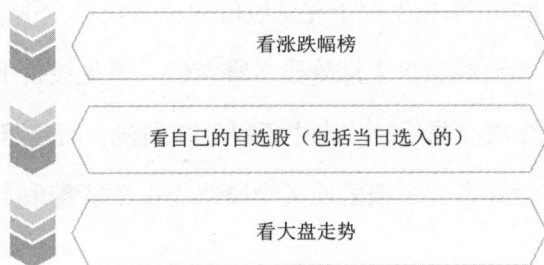

看涨跌幅榜

看自己的自选股（包括当日选入的）

看大盘走势

图 11-1　看盘的三个步骤

良好的盘感是投资股票的必备条件，我们需要靠训练逐渐培养这种能力。那么，投资者怎样才能提升自己的盘感，把握股市变动带来的影响呢？投资者需要认清自己，对自己的财富、性格、心理承受能力等有所了解，从而根据自身条件学习相应的投资知识，选择适合自己的投资方式。在此基础上，投资者还应该考虑以下三个方面的因素。

（1）了解股票

股市无论在哪个国家都是风云变幻的存在，投资者在投资股票时要充分了解自己要投资的股票，并分析哪些因素会对股票产生影响。例如，某国近期出台的某项政策是对某种产品进行抵制或禁止其进口与出口，那么，与其相关的股票价格一定会有所变化，这是不可避免的。投资者应该了解影响股票的因素，尽量避免这些因素对自己投资的项目产生不利影响。

（2）交易适当

某些上市公司的股价一直处于波动状态，而拥有此类股票的投资者过于在意它的波动状态，选择不停地买入与卖出，希望在多次交易中赚取差价，却往往事与愿违。

例如，谭女士将自己的资金交给某金融机构进行股票投资。这家金融机构的经理人是一位稳健的投资者，会正确对待股价的持续波动，最终为谭女士赚取了丰厚的利润。于是，谭女士的朋友陈先生也来找这位经理人进行股票投资。然而，陈先生过于在意股价的波动状态，不听经理人的指挥，一再操控交易，希望在股价上涨阶段多赚点钱，看见股价下跌又快速卖出股票。最终，在多次交易后，陈先生不仅没赚到钱，而且赔了不少。

由此可见，投资者过于频繁地买卖股票不仅不能赚取丰厚的利润，而且容易造成损失。

（3）注意止损单

当股价上涨或下跌到一定的程度时，止损单将被触发，我们可以进行买入与卖出行为。止损单可以保障投资者在市场中的本金，减少损失，降低风险。所以，投资者在进行股票投资时可以配合止损单进行操作。

例如，杜女士刚进入股市，虽然理论知识很充足，但缺乏实践经验，因此，她对自己的投资判断与交易能力不是很自信。后来，经专业人士建议，她在每次投资股票时都会运用止损单。

杜女士将自己的现实承受能力与预估承受能力相结合，在听取投资经理人的意见后设置了止损单。后来在多次股票投资中，虽然股价不断波动，但她都能顺利进行交易。她在赚钱时有收益保障，在赔钱时也有止损意识，两者相结合，便让她处于多赚少赔的状态。

或许在风云变幻的股市中能够获得利润有运气的成分在，但杜女士遵守纪律，设置止损单也是一种规避风险的良好习惯。

如果投资者能合理地运用以上方法，就能在股票投资中获得一定的保障。即使不能获得丰厚的利润，也能保障本金的安全，起码不会落得血本无归。但值得注意的是，投资者要以平和的心态面对股票投资，不能过于在意一时的得失或选择不符合自身条件的股票，否则由此造成的损失往往是无法挽回的。

11.1.3 买入：选好进股市的关键点

很多投资者在进入股市之初都选择看巴菲特讲过什么，听彼得·林奇说了什么。巴菲特和彼得·林奇追求的是长期、稳健的收益，管理的是上亿元的资产。我们可以学习他们的投资智慧，但是需要忘记他们的操作细节，因为有些技巧并不适合普通投资者。

投资者在确定自己的定位后，就要考虑进入股市的关键点。这和投资者的经验与能力有很大关系。以我国股市为例，上海证券交易所和深圳证券交易所是两大证券交易所，其交易频率基本相同。但是，随着中小板和创业板的不断涌入，两者也出现了不同的地方。投资者如果选择进入这两个证券交易所，需要知道上海证券交易所中多为中央直属企业和国有企业，受宏观政策的影响很深，而深圳证券交易所中多为民营企业，受行业市场发展的影响深一些。

这些都会成为股价不断变动的要素，投资者需要找到合适的时机进入股市。寻找这个时机需要的是预判能力，投资者在股市的收益方式是"低买高卖"，这种预判能力体现在买入时的价位够不够低，过一段时间价位会不会提高。预判的正确率是投资者获得收益的保障。很多时候，预判需要建立在股票历史走势的基础上。

下面为投资者提供两种预判何时进入股市的方法。

（1）顺势操作

顺势操作多指金叉死叉战法，如图 11-2 所示。

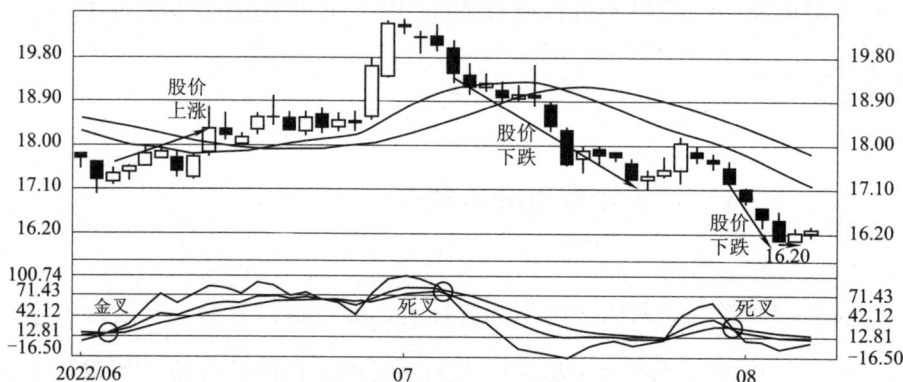

图 11-2　金叉死叉战法

金叉代表买入股票的信号；死叉代表卖出股票的信号。

（2）逆势操作

逆势操作多指顶 / 底背离法。顶背离表明股价将翻转，是股价下降的信号。此时，投资者需要将股票卖出。底背离表明股价将在低位反弹，是股价上涨的信号。此时，投资者需要买入股票。但我们并不能确定背离什么时候会出现，持续时间有多长，频率有多快，而可以肯定的是顶背离的次数少于底背离，且背离程度越重，持续时间越久，股价反转的可能性就越高。

某只股票一旦某日或某周都出现顶背离的状态，投资者一定不要再观望或试探，而要尽快卖出，避免风险，将损失降到最低。

顺势操作和逆势操作可以很好地帮助投资者确定进入股市的关键点，

在股价上涨时为投资者带来收益，在股价下跌时为投资者止损，保障投资者的利益。

11.1.4 卖出：掌握利弗莫尔市场操作法则

在动荡的股市中，找准卖出时机和买对股票同样重要。一般来讲，有以下五个卖出股票的信号值得我们注意：

（1）K线高位出现十字星；

（2）MACD出现死叉；

（3）高位出现巨大成交量；

（4）股价跌破5日均线；

（5）股票高位出现大阴线。

在投资市场中，股市的风险非常大，有些人可能一夜暴富，有些人则可能倾家荡产。但是，时至今日，纽约的证券市场交易大厅里依旧人声鼎沸，前来交易的人络绎不绝。可见，人们追求财富的兴致日渐增长。

著名投资家杰西·利弗莫尔的名声享誉全球，曾经在1929年通过做空股票获利1亿美元，从此声名鹊起。他利用40年不断研究并实践股票交易，最终创立了一套利弗莫尔市场操作法则。

如果投资者选择股票投资的方式进行投资，可以参考利弗莫尔市场操作法则。下面简单介绍一下利弗莫尔市场操作法则。

首先，利弗莫尔认为股票投资是一项严肃的挑战，投资者需要认真地研习。在进行股票投资时，投资者要从市场角度进行分析判断，预测大众的心理反应。各种意见和建议可能会出现偏差，但市场形势反映的股票走势是不会出错的。投资者根据市场形势购买股票，如果股价处于上涨阶段，则不需要尽快实现收益，可以让利润在股市中继续"奔跑"，从而创造更高的价值。

其次，利弗莫尔认为一年中只有几次机会是最佳投资时机，投资者不应该选择日日投资，不放过每个交易日，这种方式是十分不可取的。投资者全神贯注地关注每一场交易，容易错失更重要的交易。投资者还是要谨慎研究行情，弄清楚股价变动的要素。真正有价值的行情走势会持续一段时间，而不是转瞬即逝，投资者不用过于着急投入股市。

再次，利弗莫尔不希望投资者运用股海战术进行投资，因为不是手中握有的股票越多，收益就越高。股票投资是有风险的，将所有资金投入股市很可能会血本无归。他希望投资者每次做到关注行情最突出、最重要的几只股票即可。投资者运用市场给出的信号，结合时间要素进行股票投资，能更好地规避风险，获得收益。

最后，利弗莫尔告诫投资者应该将每次成功平仓后的交易所得积累起来。这种积累主要指两个方面：一方面是资本积累，投资者应该将一部分收益存储起来，使其成为积蓄，这样能够保障无论交易成功与失败，自己都能够很好地生活下去；另一方面是指经验积累，每一次交易都是一场实战，投资者获得的无论是成功的喜悦还是失败的教训，都应该予以记录和反思，这样才能更好地总结教训，更好地投入下一次交易。

股市没有那么难以把握，虽然每个行业的具体情况略有不同，但其股价波动都是相通的。利弗莫尔早期对股价波动比较敏感，但后来，他发现在一定时间周期内抹去一些微小不规则的股价波动，便形成了股价形态。经过持续关注与多次验证，他认识到对于股价波动来说，时间因素至关重要，合理地把握股价的周期性波动规律能使投资者获得更丰厚的收益。

下面介绍利弗莫尔市场分析方法。

投资者需要准备表格纸，将每只股票占 6 列，股价按照"次级回升、自然回升、上升趋势、下降趋势、自然回撤、次级回撤"的顺序排列，如表 11–1 所示。

表11–1　利弗莫尔市场分析表格

股票名称	次级回升	自然回升	上升趋势	下降趋势	自然回撤	次级回撤
股票1						
股票2						
股票3						
股票4						
股票5						

利弗莫尔不会把单只股票看成整个股票行业的走势，而是将不同的股票结合在一起，判断它们的运动状态，这样做更有安全保障。

他曾反复强调他的市场分析方法是针对股市运动提出的，意义深远。很多投资者因为没有涉足海外股市，所以对这种市场分析方法有些顾虑。但是，投资者可以学习其中的原则和经验。

但这里还是要提醒投资者："股市有风险，入市需谨慎"。

11.2　做股票投资，先搞懂K线图

K 线图是股市中非常重要的一种技术分析图表，其包含四个数据：开盘价、最高价、最低价、收盘价。所有 K 线图都是围绕这四个数据展开的，可以反映股市状况和股价信息。

11.2.1 K线图：开盘价+最高价+最低价+收盘价

K线图起源于米市交易，当时被商人用来记录米市行情和米价波动，其形成主要取决于四个数据：开盘价、最高价、最低价、收盘价。

（1）开盘价是指每天早上从9: 15到9: 25集体投标的交易价格，我们可以将其简单地理解为第一个交易价格。

（2）可以简单地将收盘价理解为最后成交价格。

（3）最高价是指当天的最高交易价格。

（4）最低价是指当天的最低交易价格。

当开盘价低于收盘价时，K线为阳线；当开盘价高于收盘价时，K线为阴线；当开盘价等于收盘价时，K线称为十字星。当K线为阳线时，最高价与收盘价之间的细线称为上影线，最低价与开盘价之间的细线称为下影线，开盘价与收盘价之间的柱状体称为实体，如图11-3所示。

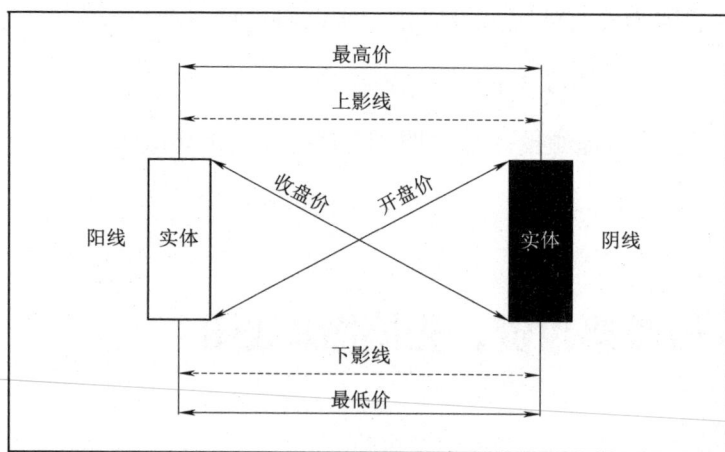

图11-3 K线图的构成要素

K线图可以帮助投资者全面地观察股市的真正变化。例如，投资者可通过 K 线图掌握股价的涨跌，了解股市的波动情况。但是，因为 K 线图的绘制方法十分复杂，而且阴线与阳线的变化也比较多，所以投资者要掌握这方面的专业知识。

11.2.2　如何理解阴线与阳线

阴线与阳线在 K 线图中蕴含着诸多信息，阳线表示股价将继续上涨，阴线表示股价将继续下跌。以阳线为例，经过一段时间的多空拼搏，收盘价高于开盘价，表明多头占据上风。

根据牛顿力学定理，在没有外力的作用下，股价仍然按照原有的方向与速度发展。因此，阳线预示下一阶段股价仍然继续上涨，最起码能保证下一阶段初期能惯性上涨。同理，阴线则预示着股价继续下跌。

11.2.3　弄清楚实体与上下影线

实体大小代表内在动力。实体越大，股价上涨或下跌的趋势越明显。以阳线为例，它其实是收盘价高于开盘价的部分，阳线实体越大，股价上涨的动力越足。同理，阴线实体越大，股价下跌的动力也越足。

影线代表转折信号，一个方向的影线越长，越不利于股价向这个方向变动，即上影线越长越不利于股价上涨，下影线越长越不利于股价下跌。以上影线为例，在经过一段时间的多空拼搏后，多头终于败下阵来，无论 K 线是阴还是阳，上影线都已经构成下一阶段股价上涨的阻力，未来，股价向下调整的概率较大。同理，下影线则预示着股价向上调整的概率较大。

11.2.4 成交量与K线的关系

在 K 线图分析中，成交量也是非常重要的因素。成交量代表力量消耗，是多空双方对弈的激烈程度的反映，而 K 线则是对弈的结果。只看 K 线组合，不看成交量，其效果要减半。所以，成交量是动因，K 线是结果。

11.3 股票投资的风险管理措施

股票由于种类繁多、操作方式多样、市场信息复杂等特性，不可避免地处处隐藏着风险。在不同的情况下，我们应当采用不同的风险管理措施。

11.3.1 选择适合自己的股票投资方法

根据投资者在股市中的投资时间与盈利方式，股票投资大致可以分为三种：短线投资法、中线投资法、长线投资法。

（1）短线投资法

如果投资者能掌握短线投资法，那么在股票行情变幻时也能轻松应对。当大盘持续下跌时，投资者应该参与到选股中，这样可以在大盘上涨时快速购买股票。当大盘相对稳定时，投资者需要再度审视自己拥有的股票，判断其涨幅以随时应对突发情况。投资者需要注意的是，投资股票短线的持续时间较短，要想将它做好，需要付出精力深入研究。

（2）中线投资法

中线投资法是一个不错的投资方法，下面为大家介绍这种方法。

首先，投资者需要了解股票的历史趋势，对自己选中的股票所处的行业进行调查，了解其所处的市场环境，在此基础上判断其未来走势。

其次，投资者需要了解股市环境，包括所投企业的发展状态、股民的心态与行为等。当股票走势良好、未来发展前景可期、股市环境不错、所投企业蓬勃发展、股民纷纷跟投时，就是最好的投资时机。

（3）长线投资法

经济实力雄厚且不急于获取利润，甚至想赚取更多收益的投资者，适合使用长线投资法。一般高分红的蓝筹股更适合其长期持有。部分股票每年都会分红或派息，我们可以将这部分收益当成存款利息。平时有闲钱的投资者在大盘价位较低时可以买入一些股票，长年累月下去也能获得不错的回报。

下面介绍一些长线股票投资技巧。

（1）投资者要考虑市盈率和市净率长期都比较稳定的蓝筹股票，这类股票的风险比较低。

（2）有些股票虽然具有较大的升值潜力，但价位合理的股票更适合投资者选择。

（3）投资要选择前景广阔的企业。由于夕阳产业面临转型，新兴企业的风险难以预估。因此，投资者应该选择处于成长期的企业进行投资，这样不仅可以规避风险，还能赚取更多利润，使资产增值。

11.3.2　掌握股票解套策略

在股票投资过程中，股票被套牢是非常正常的情况。投资者要想让股票快速解套，可以使用以下五种方法。

（1）实行 T+0 操作

A 股市场的股票都是 T+1 交易制度，如果股票出现了被套的情况，投资者可以采用 T+0 操作。例如，投资者有 100 股被套，那么在下一个交易日时，他可以再次买入 100 股，等盘面出现拉升时将自己手里原来的 100 股卖掉，这样可以降低成本。

（2）继续补仓

补仓的主要目的是降低成本，投资者在股票被套时可以抓住机会，给股票进行补仓，将自己的持股成本降低。一旦股价出现了一小波上涨，那么就可能帮助投资者迅速回本解套。补仓的重点是补在股价出现上涨趋势时，不要补在股价出现下跌趋势时。投资者要等股票突破阻力时补仓，而不是跌破重要支撑来补仓。

（3）高抛低吸

高抛低吸适合全仓被套的投资者。如果投资者持有的股票较多，那么就可以在股价出现上涨趋势时卖出部分股票。等股价下跌后，投资者再次买入同等数量的股票。反复使用这种方法，也可以帮助投资者快速解套。

（4）重仓解救

投资者在股票被套后如果还有资金，也可以用资金重仓解救被套的股票，等股价上涨时再将这部分股票卖出。但需要注意的是，这种方法往往存在风险，一旦失败可能出现股票全仓被套的情况。

（5）调仓换股

类似问题股、业绩亏损股、存在退市风险股、垃圾股等股票被套，如果投资者还继续持有，那么这些股票的亏损幅度还会继续加深。最好的快速解套法就是割掉止损，重新购买一只潜力股，把这些损失弥补回来。

11.3.3　网络炒股的注意事项

网络炒股以方便、快捷的优势越来越受到投资者的青睐。但是，网络炒股作为一种新的理财方式，很多投资者都对其缺乏了解，风险防范意识较弱，有时甚至会因操作不当而使股票买卖出现失误，如发生被人盗卖股票的现象。

因此，了解一些注意事项对确保网络炒股的安全性是非常重要的。

（1）正确设置交易密码，保护密码不被泄露，并定期对其进行修改和更换。

（2）谨慎操作，在输入交易信息时仔细核对股票代码、价位（元、角、分）以及买入（卖出）选项。

（3）及时查询、确认买卖指令。由于网络运行存在不稳定性，有时电脑界面显示网上委托已经成功，但证券公司的服务器却未接到委托指令；有时电脑界面显示委托未成功，但当投资者再次发出指令时，证券公司却已经收到两次委托，从而出现重复买卖股票的情况。所以，在每次委托操作完毕后，投资者应该立即利用网上交易的查询选项对指令进行查询，以确认委托是否被证券公司受理。

（4）当交易完毕后，投资者不要忘记及时退出系统。

（5）开通电话委托。当网上交易遇到系统繁忙或通信故障时，投资者的账号可能不能正常登录，贻误买入或卖出股票的最佳时机。电话委托作为网上交易的补充，在网上交易无法使用时可解燃眉之急。

（6）不过分依赖系统数据。由于各类系统的数据统计方式不同，如果投资者遇到配股、转增或送股等情况，系统记录的股价就会出现偏差。因此，投资者在判断股票的盈亏时应以个人记录或交割单的实际信息为准。

（7）多关注网络炒股的优惠举措。网络炒股减少了证券公司的工作量，扩大了客户规模。所以，证券公司有时会组织各种优惠活动。投资者可以关注这些信息，并以此作为选择证券公司的条件之一。

（8）注意防黑防毒。目前黑客猖獗，病毒泛滥，如果电脑上缺少必要的防黑、防毒系统，轻者会造成电脑瘫痪和数据丢失，重者会造成交易密码等个人资料泄露。因此，安装必要的防黑、防毒软件是确保网络炒股顺利进行的重要手段。

第五篇

保本的钱的规划方案

第 12 章

保本的钱：以安全性为前提

　　保本升值的财产通常有明确的用途，不能亏损，如子女教育金、养老金、备用金等。此类财产的风险承受能力比较低，应该以安全性为前提。因此，我们可以用此类财产投资货币基金、债券、保险等风险比较低的理财产品。

12.1 保本的钱适合何种理财思维

很多人可能觉得理财思维很深奥，自己无法理解，但其实它与我们的生活息息相关。拥有正确的理财思维对改善家庭的经济状况有很大帮助。因此，我们必须培养正确的理财思维，让所有的钱都可以用到合适的地方。

12.1.1 重视本金，选择保守型理财

刚刚开始做理财的投资者应该以保守为主，重视本金的长远增值。这种保守型理财的特点是安全性高，可以在保住本金的同时获得一定的收益。很多投资者无法抵御高风险，即使收入稳定、可观，也应该选择保守型理财。

我们应该如何做好保守型理财呢？关键就在于了解保守型理财的方式。

（1）储蓄式国债

国债是很多人比较喜欢的一种理财产品。因为它有国家信用作为保障，

安全性比较高，回报率也比定期存款更高。不过，国债的流动性比较差，如果你想提前承兑，还需要损失一定的利息。因此，选择国债的人必须做好长期投资的准备。

（2）创新型存款

创新型存款主要是指互联网理财产品，通常由民营银行发行。创新型存款基本是网上储蓄，虽然普及率不是特别高，但比较安全。其收益要高于普通的定期存款，回报率有时甚至可达到 5% 以上。

关于保守型理财，这里有几条忠告。

第一，以守住本金为首要原则，我们不能为了高回报而盲目地选择理财产品。

第二，对于普通的工薪家庭来说，通过理财获得的收益只可以起到辅助作用，认真工作、不断提升能力、获得更高收入才是王道。

第三，每个人可以承受的风险是有限的，把自己的时间和精力全部放在理财上是不正确的做法。如果你在发展前景很广阔的行业和公司工作，自己的能力也足够，那么同样可以赚到很多钱。此时，你做理财的目的就是提升自己的生活水平，而不是维持日常开销。

第四，既然你想理财，那就不要让自己成为"巨婴"。很多人在选择理财产品时不会仔细阅读产品说明书，通常只粗略地比较收益和回报率就做决定。这样很容易引发风险，不仅无法达到理财的目的，还有可能把自己的本金赔光。

理财以管钱为中心、以攒钱为起点、以生钱为重点、以护钱为保障，这是一个周而复始的过程。在这个过程中，我们不仅要考虑收益和回报率，还要重视资产安全。

12.1.2　养老虽然重要，但不必过于纠结

在我国，大部分上班族几乎都有"五险一金"（"五险"包括养老保险、医疗保险、失业保险、工伤保险、生育保险，"一金"代表住房公积金）。其中的养老保险可以保障上班族退休后的基本生活。但很多人对生活质量的要求非常高，希望自己在退休后可以有丰富的休闲娱乐活动，例如，约上好友外出旅游、与邻居聚在一起品尝美食、和老伴儿一起到老年大学提升能力等。

但在老龄化的影响下，这样的生活可能不太容易实现。"多赚钱""尽快进行理财和投资"是当下很多人的想法，这都是为了自己能有一个更安心、更随性的退休生活。然而，因为有些人没有提前对自己的退休生活进行规划，导致养老金储备不足，使自己不得不面临比较高的养老风险。

其实单纯依靠任何一种经济来源，都很难完全解决养老问题。我们要想有一个幸福的退休生活，养老规划一定是多管齐下的：将社保作为基础，医保作为补充，让储蓄和投资锦上添花。这样才能把本来"将就"的退休生活转变成"讲究"的退休生活。

我们要尽早开始为退休做准备。很多人认为 40 岁后开始进行养老规划就可以，这是不正确的想法。我们应该在 30 岁甚至 25 岁左右就规划自己的退休生活，以便有更多时间让投资产生更丰厚的收益。而如果等到上了年纪再去考虑养老问题，即使我们加大投资力度，也可能无法在退休前积攒足够多的退休金，进而影响退休生活的质量。

了解社保的保障额度，分析自己还有多少资金缺口，对我们进行养老规划非常重要。此外，一个合理的养老规划还应该对一些意外事件进行预

先防范。例如，我们应该在退休前购买重疾险、人身意外险等保险产品，或者也可以配置年金资产，以便让自己获得财务上的保障，避免自己因为受到突如其来的巨大支出而花光已经积攒多年的退休金。

12.1.3　年龄在增长，投资比例也要变化

随着年龄的增长，我们的收入可能比之前更高，对风险的看法也会发生变化。例如，一个 20 岁的人，其收入也许比较低，但通常敢做一些风险比较高的事；一个 40 多岁的人，其收入可能会达到高峰，但对于风险高的事往往避之不及。

那么，我们在理财时应该如何安排有风险的资产呢？这个问题可以通过 80 定律解决。何谓 80 定律？即可投资数额 =（80-你的年龄）×100%。以股票投资为例，如果你现在 30 岁，那么用于股票投资的资产可以占总资产的 50%；如果你现在 50 岁，那么用于股票投资的资产则只能占总资产的 30%。

换言之，有风险的资产占总资产的比例与年龄成反比，即年龄越大，有风险的资产就应该越少。因为随着年龄的增长，我们的抗风险能力会降低。与此同时，风险投资的比例也应该逐渐降低。而保险作为稳健、低风险的理财工具，占总资产的比例应该逐渐提高。

我们在使用 80 定律时要注意一个问题：随着年龄的增长，虽然风险投资的比例在不断降低，但可投资数额很可能会有所提高。因此，在不同的年龄阶段，用 80 定律计算出来的可用于投资的资产也许并没有差别。

我们可通过 80 定律清楚地认识到，年龄越大的人越不适合选择风险高的投资。如果人们到了一定的年龄，那就会把对收益的追求转向对本金的保障。因此，我们在做风险比较高的投资前，可以用 80 定律分析自己是否值得做这样的投资。当了解自己可以承受多高的风险后，我们就会做出更正确的决定。

我们在不同的年龄需要承担不同的责任，对风险的判断能力和抵抗能力也不同。如果我们很年轻，可以抵御比较高的风险，那就在理财时追求收益最大化，目的是积累更多财富。如果我们已经不再年轻，那就应该享受生活，尽量把自己要面对的风险降到最低。

12.1.4 单薪家庭的理财规划

如今，很多家庭都是一方赚钱，另一方负责照顾子女。对于这样的单薪家庭而言，"顶梁柱"和子女的未来非常重要。不过，一味地储蓄而不理财通常很难满足其需求，也很难使财产实现保值和增值。尤其随着子女的成长，教育、养老等问题也日益凸显。在这种情况下，单薪家庭必须重视理财，做好理财规划。

那么，单薪家庭应该如何理财呢？下面以刘先生的家庭为例进行说明。

刘先生现在 35 岁，是一名部门经理，工作比较稳定。他的妻子没有工作，在家里照顾两个孩子（儿子已经上小学，女儿正在上幼儿园）。

刘先生作为"顶梁柱"，是整个家庭的唯一收入来源。他的工资大约为 30 000 元 / 月，这笔钱除了要负担日常开销以外，还要负担两个孩子的教育费用。另外，刘先生现在有 50 万元的现金和活期存款，以及一套房产，没有负债。

根据刘先生的情况，笔者认为他的理财应该以增加净资产积累、完善每个家庭成员的安全保障为目标。基于这样的目标，刘先生应该进一步细化自己的理财规划。

（1）备用金规划

备用金是抵御风险的第一道防线，其数额是月支出的3~6倍。通过对刘先生的情况进行分析，他应该拿出6倍的月支出作为备用金，并通过银行存款和货币基金的方式对其进行分配，使其更好地实现保值与增值。

（2）保险规划

留好备用金后，刘先生要进行保险规划。在这个方面，刘先生可以为自己和家人购买健康医疗险，保费额度为家庭年收入的10%~15%，杠杆比例为1：25。为了确保当单薪家庭的"顶梁柱"出现问题时，其他家庭成员还可以维持生活，刘先生应该为自己购买人身意外险，保费额度为家庭年收入的2%~5%，杠杆比例为1：100。这样的保险规划适合刘先生及其家人，可以为整个家庭提供强大的保障。

（3）教育规划

教育费用通常没有时间弹性和价格弹性，刘先生需要提前为自己的两个孩子准备。他可以通过保守型理财的方式积攒教育费用，如基金定投。他只要每个月拿出2 000元做基金定投，并长期持有，那么未来就可以获得比较不错的收益。等到两个孩子上大学时，他可以取出这笔钱，用于支付高等教育费用，同时也可以通过增加复利型的年金保险获取回报。

（4）养老规划

物价不是一成不变的，而会随着经济发展有所上涨。刘先生应该在保证生活质量的前提下减少不必要的支出，也可以通过信用卡预支资金，并尽量让自己的收入变得多元化。这样他就可以提前为自己和妻子做养老规划。此外，刘先生也可以每个月拿出一笔钱投资混合型基金或债券型基金，为养老和其他大额开支做准备。

综上所述，我们最好提前考虑"顶梁柱"和子女的未来，购置相应的保险和理财产品。当然，大家也可以借鉴刘先生的理财规划，但必须结合自己的实际情况。

12.2　钱不能只保本，还要跑赢通货膨胀

与其他国家相比，我国的储蓄率是比较高的。在我国，很多人都有存钱的习惯，他们在看到自己账户里的钱正慢慢变多时通常会非常开心。然而，由于通货膨胀的存在，即使账户里的钱变多了，这些钱也很可能会面临贬值。在这种情况下，我们除了要存钱以外，还要想方设法让钱跑赢通货膨胀。

12.2.1　投资回报率与通货膨胀率

提起通货膨胀，大多数人首先想到的是物价上涨、财产缩水、购买力

下降等。实际上，这些都是在揭示一个道理：钱贬值。

假设 2020 年，张先生在银行存了 10 万元，利率为 1.95%。当时，一辆某款汽车的价格为 10 万元。2021 年，张先生把这笔钱取了出来，本金和利息共计 101 950 元。然而，此款汽车的价格上涨到 10.5 万元。这意味着，张先生在 2020 年能买到一辆某款汽车，但到了 2021 年就买不到了。购买力比之前下降，存在银行的 10 万元也贬值了。根据张先生的案例，如果他想跑赢通货膨胀，那么 10 万元的年收益必须超过 5 000 元才可以。

与财产比较多的人相比，没有财产或财产比较少的人更容易受到通货膨胀的影响。后者要想跑赢通货膨胀，就必须放弃只重视工资的做法，而应该像敢于投资的人那样用钱去赚更多的钱。在这种情况下，我们必须考虑投资回报率，购买合适的理财产品。

如今，理财产品的种类非常多，包括股票、基金、黄金、债券、信托等。不过，几乎没有理财产品可以达到"两高一低"的目标，即回报率高、流动性高、风险低。换言之，如果我们想获得丰厚的收益，那就必须承担相应的风险。

以股票为例，但股市经常出现动荡，我们无法保证自己买的股票一定会涨。再以基金定投为例，如果行情不好，那么我们也必须度过一个牛熊周期才可以获得比较不错的收益。

因此，如果我们只关注投资回报率，从来不考虑理财产品是否适合自己，那么也无法跑赢通货膨胀。在通货膨胀很可能出现的情况下，我们必须考虑如何在提高投资回报率的同时降低风险。我们应该以"高收益＋低风险"模式为基础做组合投资。

低风险的理财产品相当于一个"垫板"，可以让高收益的理财产品安全"着陆"，从而帮助我们降低风险、保障财产安全。至于这两类理财产品应该如何分配，则要考虑我们自己的抗风险能力和经济实力。此外，我们也应该根据自己的年龄和工作阶段对理财产品的分配进行动态调整，以便更好地应对各种可能出现的突发情况。

总之，要想让投资回报率和通货膨胀率持平，甚至跑赢通货膨胀，我们必须根据自己的实际情况配置资产，买一些适合自己的理财产品，不断充实自己的小金库。

12.2.2 兼顾钱生钱和物生钱

在理财中，钱生钱和物生钱都很重要。钱生钱即通过对财产的合理配置实现财产增值。要达到钱生钱的目的，可以从以下几个方面着手。

（1）将财产分散，投资不同的理财产品

我们可以把自己的财产分为三部分，用其中的两部分投资风险不同的理财产品，如基金、保险、股票等，然后将剩下的一部分作为备用金，以应对突发情况。这种做法可以充分利用各类理财产品的特点和优势，使我们的收益更稳定、可持续，风险也更可控。只要我们对投资进行科学组合，收益就不会太少，钱生钱也可以很简单。

（2）选择合适的理财产品

不同的理财产品有不同的风险和回报率，我们要多找几个理财产品进行仔细对比，不要轻易做决定。此外，很多规模比较小的金融机构由于销售渠道少、知名度低，通常会用高收益吸引客户。我们最好不要选择这样的金融机构。

（3）在合适的时候通过正确的渠道买理财产品

很多金融机构为了促进理财产品的销售会举办优惠活动，如果我们在活动期间买理财产品，那就可以节省一部分钱。此外，理财产品的销售渠道不同，价格也会不同。我们应该了解理财产品在各销售渠道的价格，这样就可以用最低的价格买到理财产品。

钱生钱虽然没那么复杂，但我们也要不断实践，达到熟能生巧的地步。我们可以先拿出几千元试着买一些理财产品，在此过程中了解理财产品的运作过程，学习更专业的知识和方法。实践会让我们进步得更快，尽早成为理财达人。

除了钱生钱以外，我们也要知道物生钱的重要性。物生钱是指通过买一些有保值、增值功能的物品达到理财的目的。例如，黄金、字画、古董、邮票、玉石等物品就很值得收藏，具有比较大的增值潜力。我们在判断物品是否可以保值、增值时，可以考虑以下几个方面。

第一，价格不能太低。价格太低的物品任何人都有能力买，很难增值。

第二，没有替代品。有增值潜力的物品通常没有替代品，否则人们会轻易地将精力转到替代品上，很难实现奇货可居。

第三，受预期因素的约束比较小。会受预期因素约束的物品往往价格波动比较大，如果我们买了这样的物品，那么很可能会遭受损失。

第四，平均成本不可以降低。如果物品的平均成本可以降低，那么其价格也有降低的可能。对于已经购置物品的人来说，物品的价格降低就意味着投资风险。

在进行以钱生钱和物生钱为目的理财时，我们应该遵循"开局要准、

理财产品 / 物品要好、价格要对"的原则。这种理财虽然不容易挑选,但我们可以获得的收益也比较丰厚。只有我们不断充实自己,积累足够的实践经验,才可以真正实现钱生钱和物生钱。

第 13 章

配置年金资产，打造现金流

大多数投资者投资的目的是获得收益，保证现金流充足。现金流是持续性的收益，可以在长时间内保证投资者的生活，甚至可以帮助投资者实现财富自由。为了打造现金流，很多投资者不满足于将自己的钱存在银行，而是把目光放在配置年金资产上。

13.1 建立关于年金资产的正确理念

投资领域有这样一句话：你看中他人的利息，他人看中你的本金。这句话的用意显而易见，是在提醒投资者投资需谨慎，不要只贪图高利息。随着市场波动，很多投资者都看重安全性资产，希望可以有一种收益稳定的投资渠道。很显然，年金资产就是这样的渠道，最近几年受到了热捧，获得了很多投资者的青睐。

13.1.1 初步认知：年金是什么

年金与复利息息相关，属于复利的一种特殊形式。如果投资者储蓄一笔钱，并把这笔钱投入一个复利投资的循环系统，那么这笔钱的增值能力将十分惊人，可以为投资者带来更多财富。这便是年金的威力。下面盘点与年金相关的基本概念，主要包括以下几个。

（1）年金支付期：两次年金付款之间的间隔。

（2）计息周期：相邻的两个计息日期之间的间隔。

（3）每次年金额：每一次支付周期支付的金额。

（4）每期年金总额：每计息期中各次年金额的总和。

（5）年金时期：自第一次支付周期开始到最后一次支付周期结束。

为了更好地理解年金，我们可以思考一个问题：假如你要穿越一片沙漠，并且有两种选择，一种是提前把备用品带在身上，另一种是在途中每隔一段时间就可以获得一定量的备用品，直到穿越沙漠。面对这两种选择，请问你会选择哪一种。

大多数人会选择第二种，因为这可以确保他们在沙漠中走得更远、更久、更安全。如果将故事里的沙漠比喻为养老生活，一种是将自己的所有资产一直带在身上，另一种是通过配置年金资产获得复利效应。这时，你又会如何选择？如果是我，我会选择后者。

在特征方面，年金具有金融属性和法律属性，如图13-1和图13-2所示。

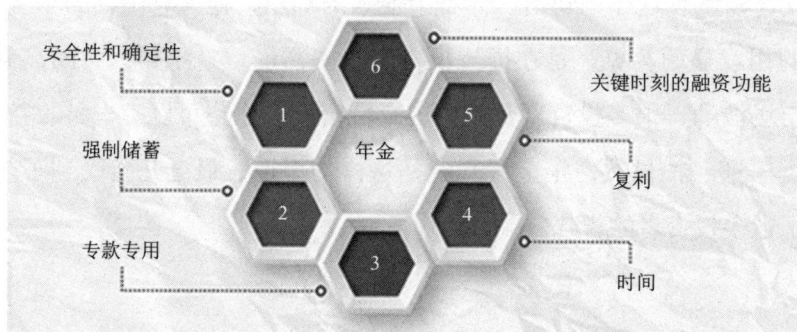

图 13-1　年金的金融属性

图 13-2　年金的法律属性

年金的金融属性使其天生适合做人生的长远规划，如教育、养老等，法律属性使其成为财富保全、财富传承的重要工具之一。此外，年金还具备较强安全性，可以在一定程度上保护投资者的本金。年金的收益也比较有优势，而且风险比较低。

随着理财的发展，参与年金计划已经成为一种很好的理财安排，例如，投资者购买养老保险，其实就是参与了年金计划。年金计划的收益通常与本金相关，具体地说，本金越多，利息越多，复利率越高，投资者获得的收益就越多。因此，如果投资者有闲置资产，那么不妨配置年金资产，积极参与年金计划，让自己积累更多财富。

13.1.2　年金的四大类别

为了让自己的财富实现保值、增值，有些投资者愿意购买年金。但在此之前，我们应该认识年金的四大类别，如图 13-3 所示。

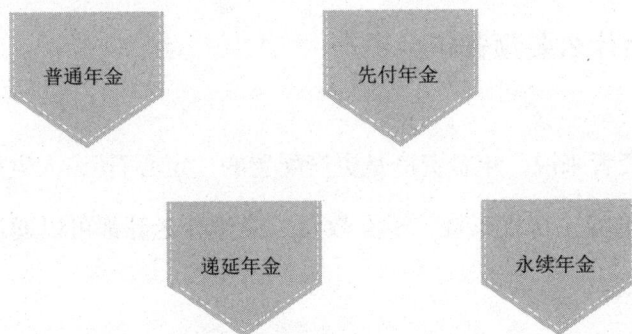

图 13-3　年金的四大类别

（1）普通年金是指从第一次支付周期起，在一定时期内每期期末等额收付的款项，也被称为后付年金。普通年金终值与零存整取储蓄的本利和相似，是一定时期内每期期末等额收付的款项的复利终值之和。

（2）先付年金是指每期期初收付的款项，其与普通年金的区别在于付款时间的不同。先付年金终值是一定时期内每期期初等额收付的款项的复利终值之和。

（3）递延年金是指在预备计算时尚未发生收付，但未来一定会发生若干期等额收付的款项。一般情况下，递延年金会产生在理财和社保回馈等方面。投资者在进行投资或其他资本预算时，递延年金有非常重要的作用。

（4）永续年金是指无限期连续收付的款项，如诺贝尔奖金、某些可以永久发挥作用的无形资产、优先股的股息等，是普通年金的特殊形式，即期限趋于无穷的普通年金。由于永续年金是没有终止时间的现金流，因此没有终值，只有现值，其现值通常为每期支付的现金流金额与投资者要求的收益率的比值。

13.1.3　为什么要预备年金资产

对于投资者来说，年金资产是资产配置的"定心石"，人生很多重要事项，如父母赡养、房贷车贷、子女教育、退休养老等都可以通过年金资产得到有效规划。

年金资产的关键在于长期、稳定。很多投资者因为对未来充满了不确定，所以经常处于"焦虑"状态。如果他们通过配置年金资产对人生进行规划，为自己铺设好预定路线，按照这个路线发展，能够使自己生活得更从容。

很多时候，挣钱多不代表存钱多，存下来的钱才是可以作为保障的钱。理财的重要原则是先存后花，但大多数投资者往往是先花后存，这两者之间有很大区别。具体来说，收入－储蓄＝支出（这是让自己强制存钱，少数投资者会这样做）；收入－支出＝储蓄（存多少钱要根据实际情况决定，多数投资者会这样做）。

年金资产是长期的理财工具，可以帮助投资者强制储蓄一笔钱，用制度的方式规范投资者的行为。而且，配置年金资产可以在一定程度上抵御通货膨胀，实现"进可攻退可守"，不仅安全性比较强，还可以让投资者锁定长期利率，完成复利生息。

13.2 年金资产应该如何投

收入是一阵子的事，支出是一辈子的事，二者有很大不同。当投资者没有收入后，支出依然会继续，这就可能导致需要花钱时没钱可花的困境。因此，为了走出这样的困境，投资者必须提前做好规划，通过配置年金资产使自己在退休后也能有不断产生现金流的本金。

13.2.1 年金投资方法论

年金投资是比较安全的投资，类似于盖房子的地基，如果投资者把"地基"打好，那么"房子"也就能稳固了。有经验的投资者甚至可以把年金投资运营得无论市场好坏、利息高低，都可以获得收益，而且这个收益是非常长久的。在这种情况下，投资者在退休后即使没有收入，也可以凭借年金投资实现每个月有固定的钱可以拿，这对他们来说是很有安全感的。

当金融危机发生时，很多投资者无法应对风险的原因是缺乏足够的现金流。如果投资者在年龄不断增长的情况下可以获得年金投资的现金流，那就可以维持自己的生活。那么，投资者应该如何做年金投资呢？可以采取以下两种方式。

（1）储蓄一笔钱，等到了想退休时，无论市场好坏、利息高低，都可以确保自己每年能拿多少钱。这种方式比较保守，可以保证投资者的收入来源，但收益增加的幅度比较小。

（2）用一笔钱做投资，无法确保自己每年都能拿到钱，但如果遇到市场状态良好的情况，那么收益就有机会大幅度增加。这种方式比较有风险，但收益通常比较高。

对于上述两种方式的选择，通常是见仁见智，要看投资者属于比较保守的类型，还是希望多获得一些收益。还有一种比较不错的做法是两种方式交叉使用，即用年金资产买一些低风险、收益稳定的产品，以保证收益，再买一些有风险，但收益比较高的产品，以提升生活品质。现在很多投资者都会使用这样的做法进行年金投资，在获得收益的同时可以对冲风险。

13.2.2　常见年金产品配置思路

在年金投资越来越受重视的情况下，投资者应该如何选择年金产品呢？

可以参考以下三个步骤，如图 13-4 所示。

图 13-4　选择年金产品的三个步骤

1. 明确自己的需求

投资者要知道自己想从年金产品中获得什么，即了解自己的需求。假设你要为养老做准备，那么在选择年金产品时就应该考虑自己的开支现状，以及希望自己能有什么样的退休生活。这关系到你需要领取多少收益。此外，你还应该考虑闲置资产是否够多？以后有没有能力追加投资等。这关系到你可以交多少钱。当领取的收益与交的钱有一个合适的平衡点时，这样的年金产品就值得购买。

2. 分析关键要素

投资者在了解自己的需求后，就可以让业务员推荐年金产品了。在分析业务员推荐的年金产品时，投资者应该从以下三个关键要素入手。

（1）领取金额。领取金额的最低要求是够用，以为自己的孩子储蓄教育金为例对此进行说明。假设你想让孩子上大学，那么领取金额为 1 万元 / 年即可；假设你想让孩子出国留学，那么领取金额就应该在 50 万元 / 年左右。此外，在交费方式和领取方式没有太大差异的情况下，领取金额越高越好，即钱交得少，回报给得多。

（2）现金价值。不同的年金产品，现金价值往往有很大差异。在缴费方式和领取方式相同的情况下，各年金产品的现金价值可以有几十万元，甚至上百万元的差异。从现金流的角度来讲，年金产品的现金价值越高，灵活性越强，越值得投资者选择。

（3）身故责任。很多人买年金产品的目的是养老，这就涉及一个问题：钱虽然一分不少地交齐了，但根本来不及领取，或者没有全部领取。面对此问题，投资者应该怎么办呢？不同的年金产品对身故责任的规定不同，例如，有的年金产品是返还保费，有的则是提供现金价值等。此外，身故责任往往是动态的，会随着年龄的变化而变化。为了自己和家人，投资者需要在选择年金产品时对身故责任进行考量。

现在很少有年金产品可以面面俱到，通常只能在上述三个关键要素中兼顾一个或者两个。因此，投资者应该自己做决策，选择自己比较重视的关键要素，挑出自己心仪的年金产品。例如，企业家、创业者、个体商户等闲置资金比较多，但收入不是非常稳定的投资者可以选择现金价值比较高的年金产品；工薪阶层可以选择领取金额比较高的年金产品；家庭的经济支柱则可以选择身故责任比较高的年金产品。

3. 结合细节做最终决策

通过对上述三个关键要素的分析和评估，投资者应该可以挑出几款比较不错的年金产品。但这几款年金产品在领取金额、现金价值、身故责任方面可以十分相似，这时投资者就需要结合细节做最终决策，包括公司的运营情况、投资团队的实力、年金产品的收益水平与给付水平等。

配置年金产品是为自己的人生建立一个保障，有了这个保障，即使发生意外情况，我们也可以通过获得收益或理赔缓解经济压力。对于广大投资者来说，年金投资可以让自己在年龄逐渐增长，没有收入来源时还能有一笔固定收益，以便更好地维持自己的生活。

13.3　不可忽视的年金险

现在理财产品不断增多，年金险凭借"财有所保"的优势脱颖而出，受到广大投资者的青睐。他们愿意为自己或家人购买年金险，但可能不知道从何入手。下面就为大家解决这个问题，帮助大家购买适合自己的、有安全保障的年金险。

13.3.1　年金险让"财有所保"

年金险是基于投资者的生命延展而按年领取收益的保险。从本质上讲，年金险背后的资产组合类似于债券基金，特点是稳定，波动性不强。也就是说，投资者一旦决定配置年金险，就必须做好长期投入的准备。当然，与以小博大的投资相比，年金险更安全，收益也更有保障，可以让投资者用当下的盈余资金换取未来的稳定收益。

按年领取的保险金是通过保险合同这样一份法律保证来确定的。在金融资产上附加一份有法律效力的合同，才能让年金险成为非常容易被认可和接受的年金产品。正因为年金险如约而至，投资者的财富才能有保障，投资者才可以享受长时间稳定的收益。

年金险通常不会给投资者带来太大的惊喜，而只会给投资者带来安全和踏实的体验，帮助投资者实现"财有所保"，让投资者更放心。

在购买年金险后，投资者只要每年按时缴费即可，资金打理等比较麻烦且专业性强的工作可以交给保险公司负责。而且，年金险可以使投资者养成长期坚持储蓄的习惯，做到专款专用，并在一定程度上帮助投资者抵御通货膨胀。

综上所述，年金险比较有优势，投资者可以根据自己的需求和实际情况选择不同的年金险。在购买年金险时，投资者要注意额度限制、交费方式、领取方式等。只有充分掌握了年金险的优势和注意事项，投资者才有机会找到最适合自己的年金险。

13.3.2　如何购买合适的年金险

年金险可以保障被保险人在年老或丧失劳动能力时获得收益。现在比较受欢迎的年金险主要有三种，如图13-5所示。

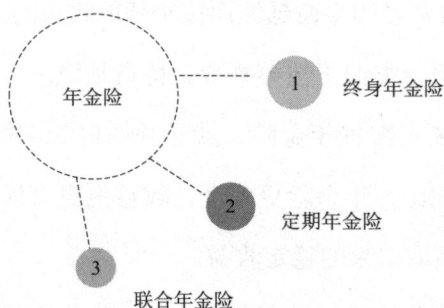

年金险

1　终身年金险

2　定期年金险

3　联合年金险

图 13-5　年金险的类别

第一种：终身年金险。也称"养老年金险"或"养老金保险"，保险人一般是单位或团体，被保险人是该单位或团体的在职人员。按合同规定，保险人汇总交付保费，直到被保险人到达规定的退休年龄；保险人对已经退休的被保险人按期或一次性给付保险金，当被保险人死亡或已经一次性给付全部保险金时，保险终止。

第二种：定期年金险。按合同规定，保险人或被保险人需要在合同期内缴纳保费，保险人以被保险人在合同规定的期限内生存为条件，承担给付保险金的责任，规定的期限届满或被保险人死亡时，保险终止。

第三种：联合年金险。以两人或两人以上的家庭成员为保险对象，保险人在交付保费后与以被保险人共同生存为条件给付保险金。若其中一人死亡，保险终止。该年金险的另一种形式是当被保险人全部死亡时，保险才终止，这种被称为联合最后生存者年金险。

根据年金险的特征，以下人群比较适合购买此类保险：

（1）资产充足，年金险只是资产配置中进行资产保值的一种方式的人；

（2）已购买足额保障型保险，希望通过年金险准备养老金的人；

（3）孩子已有足额保障型保险，希望给孩子储备教育金的人；

（4）目前企业运营良好，但未来有负债风险，希望通过年金险做资产隔离的人；

（5）平时非必要性消费较多，希望通过年金险强制储备资金的人；

（6）有婚前资产隔离需求的人；

（7）希望通过年金险的高现金价值为企业配置备用金的人。

我们在购买年金险时要注意以下几个问题。

首先，保额的领取方式可以量身定制。年金险的保额有定量、定时和一次性趸领三种领取方式，我们可根据自身需要进行选择。

其次，适当增加领取金额。年金险是以被保险人生存为给付条件的一种保险，为了避免被保险人的寿命过短而损失养老金的情况，不少年金险都承诺 10 年或 20 年的领取年限。如果未到领取年限被保险人就身故，那就可将未领取金额给予指定受益人。一些侧重养老功能的年金险每年的领取金额较多，也有领取年限等规定。

最后，慎选即缴即领型年金险。年金险的领取时间比较灵活，起始领取时间一般集中在被保险人 50 周岁、55 周岁、60 周岁、65 周岁时。但即缴即领型年金险缺乏资金积累，现金价值较低，通常很长时间才可以回本。

13.3.3　配置年金险的误区

如果用一句歌词形容年金险，那么比较合适的就是"爱你在心口难开"。虽然年金险有很多优势，但如果投资者在对其进行配置时走入误区，那么也会遭受损失。年金险的误区通常有以下几个，投资者要仔细辨别，充分保护自己的利益。

误区一：年金险可以避债。

误区二：年金险可以离婚不分。

误区三：年金险没有任何缺点。

误区四：购买年金险一定会有红利分配。

误区五：年金险等同于终身寿险。

误区六：优先为孩子配置年金险，忽视家长。

误区七：预定利率等于收益率。

误区八：年金险没有其他保险实用性强。

误区九：只有经济实力强的投资者才可以买年金险。

如果投资者避开了上述误区，那么是不是就可以安心购买年金险了？其实不是，投资者还需要对自己进行"灵魂三问"。

第一问：保障类保险，如意外险、重疾险、寿险等是否已经优先配置了？

第二问：是否有一笔近几年用不到的闲置资金?

第三问：是否追求安全、低风险?

如果这些问题的答案都是"是"，那么投资者就可以着手配置年金险。但需要注意的是，投资者在购买年金险时一定不要盲目跟风，稀里糊涂地做决策。为了避免损失，保证收益，投资者务必要进行投资规划，充分了解自己想购买的年金险，切勿冲动消费。

第 14 章

债券投资：安全的投资方式

债券是一种重要的投资方式，和股票、基金、保险同属于投资的范畴。投资者和大众群体都知道债券是较为安全的投资方式。那么，债券具体有什么特点呢？它包含哪些要素和基本技巧呢？本章将为大家解答疑惑。

14.1 了解债券：掌握三个关键概念

债券是大型企业或政府为了获得资金进行投资，按照法律规定面向大众发行的，并承诺在指定时间还本付息的有价值证券。它相当于一种金融契约，比股票更安全、稳健。因此，越来越多的投资者倾向于通过购买债券的方式进行投资。

14.1.1 利率债与信用债

债券按照信用状况可以分为两种：利率债和信用债。

利率债是指直接以政府信用为基础或以政府提供偿债支持为基础发行的债券。由于有政府信用背书，利率债的风险通常很低，影响其内在价值的因素主要是市场利率或资金的机会成本。

在我国，狭义的利率债包括国债和地方债。国债由财政部代表中央政府发行，以中央政府的财政收入作为偿债保障，其主要目的是满足由中央政府投资的公共设施或重点建设项目的资金需求和弥补财政赤字，其特征是安全性高、收益稳定、可享受免税待遇；而地方债是指地方政府发行的债券，以地方政府的财政收入作为偿债补偿，目前只有省级政府和计划单列市可以发行地方债。

广义的利率债除了国债、地方债以外，还包括央票和政策性银行债。利率债的风险比较低，但不是完全没有信用违约的可能性，也有可能出现本息兑付延期乃至实质性违约的情况。

信用债是以企业的商业信用为基础发行的债券，除了利率以外，发行人的信用是影响该类债券的重要因素。我国债券市场上的信用债包括金融债（不包含政策性银行债）、企业债、中期票据、短期融资券与资产支持债券等。

一般来说，利率债基本有国家信用背书，主要受宏观经济情况、利率变动、通货膨胀率等影响，风险较低；而信用债受到经营主体经营状况的影响，存在比较高的风险，但也会因为"信用利差"而获得比利率债更高的收益。投资者可以根据自身情况进行选择。

14.1.2　背书的定义与主要方式

背书是指持票人为了将票据权利转让给他人或将特定的票据权利授予他人行使，而在票据背面或粘单上记载有关事项并签章的行为。按照目的不同，背书可分为转让背书和非转让背书两类。

转让背书是以持票人将票据权利转让给他人为目的的背书；非转让背书是将特定的票据权利授予他人行使的背书，包括委托收款背书和质押背书。无论出于何种目的，我们都应当记载背书事项并交付票据。

背书的方式主要有以下三种。

（1）限定背书

有些限定背书规定票据只交付一次，受让人只能自行使用票据而无再次转让的权利。例如，背书人在票据背面签字，写明"仅付 ×××（被背书人名称）"或"付给 ×××（被背书人名称），不得转让"。有些则给出某些附属条件，如"当 ××× 时，付给 ×××（背书人名称）"，只有在条件满足时，该背书才成立。有些背书人规定持票人只能把票据存在银行，而不能做其他用途。

（2）空白背书

空白背书又称不记名背书，即背书人只在票据上签名，不写付给某人，即没有被背书人。空白背书的票据凭借交付而转让，即在空白背书的第一出让人签字后，票据可以在市场上多次流通，直到最后一个受益人接收，而无须在票据背面注明流通过程中的其他出让人和受让人。

（3）特定背书

特定背书又称记名背书，此种背书既有出让人签名，又指明了受让人是谁，但无"仅付""不得转让"等字样。背书人要在票据背面签字，写明"付给 ×××（被背书人名称）的指定人"等。这种票据可以连续多次背书和支付，也可以多次转让，甚至可以在市场上无限转让下去。

记名背书必须以银行或公司为背书人，其一般供开证银行使用，在日常业务中较少使用。假设我们将票据做成记名背书，那就意味着票据的受让人在票据出现问题后享有向金融机构或其代理人索赔的权利。

14.1.3 债券的品种与要素

按照不同的划分方式，债券可以分为多个品种：

（1）按发行主体划分，债券可分为政府债券、金融债券、熊猫债券、同业存单等。

（2）按财产担保划分，债券可分为抵押债券、信用债券。

（3）按债券形态划分，债券可分为实物债券、凭证式债券、记账式债券。

（4）按是否可转换划分，债券可分为可转换债券、不可转换债券。

（5）按付息方式划分，债券可分为零息债券、定息债券、浮息债券。

（6）按能否提前偿还划分，债券可分为可赎回债券、不可赎回债券。

（7）按偿还方式划分，债券可分为一次性到期债券、分期到期债券。

（8）按计息方式划分，债券可分为单利债券、复利债券、累进利率债券。

（9）按债券是否记名划分，债券可分为记名债券、不记名债券。

（10）按募集方式划分，债券可分为公募债券、私募债券。

（11）按能否上市划分，债券可分为上市债券、非上市债券。

（12）按其他衍生品种划分，债券可分为发行人选择权债券、投资人选择权债券、本息拆离债券、可调换债券。

虽然投资市场上的债券多种多样，但其包含的要素是一致的。债券主要包含以下五个要素，如图14-1所示。

| 面值 | 偿还期 | 付息期 | 票面利率 | 发行人名称 |

图 14-1　债券包含的要素

（1）面值

面值代表债券的票面价值，是发行方在特定时期需要归还给债权人的本金数额。但是，票面价值与售卖价格并不一定相同。当票面价值高于售卖价格时，债券属于折价发行；当票面价值低于售卖价格时，债券属于溢价发行；当两者相等时，债券属于平价发行。

（2）偿还期

偿还期是指债券上标明的还款期限。发行方要根据企业的实际运营情况确定偿还期。

（3）付息期

付息期是指企业或政府在销售债券后需要支付给债权人利息的特定日期。在通货膨胀等问题的影响下，付息期对投资者的收益会产生很大影响。

（4）票面利率

票面利率是指债券的应付利息与票面价值的比例关系，它会受到市场利率、资本市场供求关系、偿还期的影响。

（5）发行人名称

发行人名称可以指明债券的债务主体，是债权人在债券到期后追回本金和利息的重要依据。

上述是债券的五个要素，但在实际发行时这些要素并不一定会全部印制在票面上。例如，发行人可能会以公告或条例的形式向社会公布债券的偿还期和票面利率。此外，有些债券还包含其他要素，如还本付息方式等。

债券通常比较稳健，保障了投资者的收益。掌握债券的品种与要素，对于投资者学习与实践债券投资具有非常重要的意义。

14.2　与债券投资息息相关的问题

与其他投资方式相比，债券比较稳定，但依然存在相应的风险。对于债券投资过程中可能遇到的各种风险，投资者应该认真对待，利用各种方法了解风险、识别风险，寻找风险产生的原因，然后制定风险管理策略，运用各种技巧规避风险、转嫁风险，减少损失，力求获得最大收益。

14.2.1　债券有何风险

债券面临的风险如图 14-2 所示。

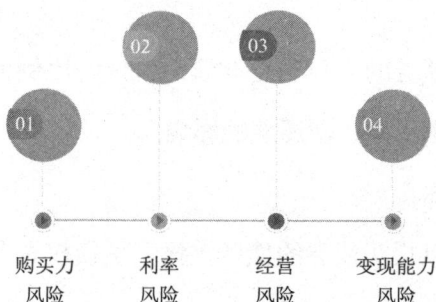

图 14-2　债券面临的风险

（1）购买力风险

在面对购买力风险时，投资者需要运用分散的方式进行投资，因为这种风险可以由一系列高收益的债券弥补。

（2）利率风险

当利率不断升高时，债券的价格会降低。这时，投资者应该持有长、短期债券以规避风险。如果利率上升，短期债券可以迅速撤回；如果利率下降，长期债券可以持续保持高收益。

（3）经营风险

经营风险主要是指发行方的运营情况不佳，致使其资产亏损比较严重，投资者将遭受损失。因此，投资者在投资前需要对将要投资债券的发行方进行深入调查，审查其运营能力、盈利能力和还债能力。

（4）变现能力风险

变现能力风险是指投资者在某些时候无法尽快将债券卖掉而产生的风险。投资者在选择债券时需要尽量选择热门债券进行投资。如果投资者投资冷门债券，那么有可能使自己在需要变现时无法正常交易。

投资者最好采取分散配置资产的方法，使用股票、基金、债券等多种投资方式进行理财，这样有助于分散风险。而且，在投资债券时，投资者最好根据需要选择适合的长、短期债券，以应对利率变动带来的风险。

14.2.2　利率如何影响债券的价格

债券的价格到底有什么奥秘？一般来说，如果市场利率发生变动，那么债券的价格也会受到影响。为什么会出现这种情况？下面通过一个案例来说明。

小王购买了价值为 100 元的债券，票面利率为 5%，当市场利率上升时，新发行债券的票面利率变为 9%。这时，小王需要以更低的价格卖出自己手里的债券，否则以相同的价格，其他投资者为什么要选择购买票面利率为 5% 的债券呢？

由此可见，债券的价格受市场利率的影响而不断变动。当市场利率提高时，债券的价格会下降；当市场利率降低时，债券的价格会上升。债券的价格变动给债券交易带来了差价。随着市场利率的升降，如果投资者能抓住机会，在合适的时间买入或卖出债券，那么就可以获得比较丰厚的收益。

14.2.3 刚性兑付有必要存在吗

刚性兑付是在 2005 年左右提出的，最初来源于信托行业。刚性兑付是当理财产品到期后，金融机构必须分配给投资者本金及收益；当本金及收益不能如期兑付或兑付困难时，金融机构会通过发行新产品进行兜底处理。例如，你用 10 万元的本金购买了一份年收益率为 4.2% 的理财产品。该产品承诺两年后还本付息，而且可以保本，你不会受到任何损失。这就是刚性兑付，即金融机构保障你的本金及收益。

实际上，我国没有任何一项法律要求金融机构进行刚性兑付。但很多金融机构为了吸引更多投资者，便促使刚性兑付逐渐演变为一个不成文的规定。刚性兑付之前在房地产信托、政府融资类信托等集合资金信托计划，以及银信合作理财产品中被普遍使用。

刚性兑付在市场发展初期确实有一定的积极意义，如促进投融资方式的优化、保证中小投资者有安全稳定的投资渠道、防范金融中介机构的道德风险等。但随着市场的不断深化，其弊端也日益显现，包括抬高了无风险收益率、损害了市场资源配置效率、不利于金融市场健康发展等。在这种影响下，打破刚性兑付的呼声越来越高。

此外，我们还要明确一点，投资是有风险的，如果所有风险都由金融机构承担，那么长此下去很可能会引发金融系统性风险。因此，打破刚性兑付非常有必要。金融机构不承诺保本，投资者在投资时就必须擦亮眼睛，认真审核相关条款，仔细考察金融机构的信用情况与资金情况。在这种情况下，投资者就不会再盲目投资，毕竟风险要自己承担。

早在 2020 年，刚性兑付就已经被打破，这可以促进金融机构的稳定发展，使金融市场更有秩序。另一方面，这也给广大投资者敲响了警钟，引导其正确、客观地认识风险和收益之间的辩证关系，减少对收益的单边关注和过度追捧。

在刚性兑付被打破的背景下，风险承受能力比较差的投资者可以选择银行理财产品或年金产品；闲置资金比较多的投资者可以考虑大额投资；愿意承担风险并希望获取高收益的投资者要分析理财产品的抵押物情况，确保自己能够有钱赚。

14.3 如做好债券投资

在债券市场中，债券有很多种类型，如国债、地方债、企业债等。不同的债券，购买方式不同。如果投资者想购买债券，首先要考虑清楚自己应该购买哪种类型的债券。

14.3.1 掌握债券的购买方式和交易流程

投资者可以到证券公司开设债券账户购买债券，这样不仅可以获得还本付息的收益，还能使用可转换债将债券卖给他人，从而快速获得交易差价，这是一种很好的投资方式。

债券的交易流程主要有以下四步。

第一步，投资者委托证券公司买卖债券，签订开户契约，填写开户有关内容，明确经纪商与委托人之间的权利和义务。

第二步，证券公司通过证券交易所内的代表人或代理人，按照委托条件实施债券买卖业务。

第三步,成交后,经纪商应于成交当日填制买卖报告书,通知委托人（投资者）按时将交割的款项或交割的债券交付给自己。

第四步,经纪商核对交易记录,小理结算交割手续。

上市债券的交易方式大致有现货交易、回购交易、期货交易三种。

投资者在购买债券时需要考虑以下三个方面的因素。

（1）风险

投资者需要根据自己的经济能力与风险承受能力,购买满足自身投资要求的债券,尽量选择低风险、稳健回报的债券。

（2）利率

投资者在购买债券时可以优先考虑利率。利率提高,则债券的价格下跌;反之,则债券的价格上涨。

（3）收费方式

债券有三种不同的收费方式：A 类收费方式是前期收费,适合不知道需要投资多长时间的投资者；B 类收费方式是后期收费,适合长期债券的投资者；C 类收费方式无申请购买费用但有服务费用,适合短期债券的投资者。

14.3.2 债券获利的技巧

投资者想要利用债券获利,应遵循如下的 3 个原则。

1. 收益、安全与流通

债券作为稳定的理财产品,决定了它不可能像一些高风险产品一样有特别高的收益,这是投资者在选择债券前要留意的。投资债券相对于其他投资工具要安全，但这仅仅是相对的，债券也会有亏本的风险，并不像存款一样"坐等利息"。

债券的流动性强意味着能够以较快的速度将债券兑换成现金。如果变现时间较慢，则会损失利息和收益或货币价值。另外，债券可以作为一种投资的中转工具来使用。当股票等证券市场不明朗时，可暂时将资金转入债券市场。

2. 抓住时机购买

一般来说，如果有基本面显示央行即将降息或已经降息，这对债券市场肯定是利好的，此时购买债券获利的可能性很大。

3. 分散投资债券

对国债而言，目前发行的种类非常多，其期限结构有三个月、半年、一年、两年、三年、五年及十年等。投资者可以进行"中长期＋短期"的组合投资。

国债和企业债的组合，可以将风险分散，即获得保本的固定收益，又可以适当地冲击高收益。

对于长期不动的资金，可以一部分购买期限较长的债券，另一部分用来做活期存款，因为债券的收益要略高于定期存款，这就抵消了其中的差值，使资金更加灵活，同时有相同收益。

第 15 章

基金投资：应对市场波动的"王牌"

　　我们在拥有一定的财富后，对于希望合理配置资本的需求会增强，投资就是让财富创造新价值的过程。但是，投资市场风云变幻，很多投资者为了规避风险会将投资重点放在基金上，以寻求资产的稳步增值。为了能更好地实现这个目标，投资者需要掌握基金投资的技巧，从而规避风险。

15.1　基金投资的三大优势

　　基金是投资市场中比较稳健的投资方式之一，为大众所熟知。基金可以分为多种类型，每种类型的基金都有不同的特点与优势，操作方法也有一定的差异，投资者需要根据自身需求选择适合的基金进行投资。

　　基金作为当下比较常见且热门的投资方式，已经吸引了很多投资者的参与。其中，有些投资者在进行资产配置时用于投资基金的资产超过了整体资产的30%，还有些投资者在基金方面的配置比例甚至超过了整体资产的50%。

　　基金的发展依托于国内市场对资产的需求，其灵活地解决了资产流动问题。基金存在风险，对投资者的抗风险能力与经济实力有一定的要求。在进行基金投资时，证券公司会通过特定的方式进行。随着互联网的发展，越来越多的基金出现在理财软件中。例如，我们经常使用的支付宝中就有多种基金供我们选择。

15.1.1 门槛低，适用范围广

基金之所以成为一种被普遍使用的投资工具，其产生和出现的"土壤"是广大普通民众，其目的是让资金有限的人也能够分享经济发展带来的红利。同时，基金行业在我国迅速崛起壮大，大量资本涌入该行业，竞争尤为激烈。因此，门槛低可以视为基金公司吸引客户的常见方式。

以支付宝为例，其购买基金的门槛非常低，不仅有 10 元起投的基金，还有只需投入一分钱就可以购买的基金。我们熟知的余额宝其实就是货币基金，我们只需支付一分钱就可以买入。以支付宝为代表的新一代理财平台改变了过去动辄上万元起投的方式，扩大了可以购买基金的人群，也增加了基金的体量。

这里需要强调的是，并非任何一种基金的起步价都很低，上千元起投的基金依然很多。我们应根据自身实际情况按需购买，擦亮双眼，谨防被价格、销售手段欺骗和诱惑。

15.1.2 有较强的流动性，可以快速赎回

基金作为聚集社会闲散资金由基金管理人运作、基金托管人保管的一种开放式投资，其具有高流动性和收益稳定等特点，被称为"准储蓄"。基金的高流动性体现在收益到账时间非常快，收益在赎回当日或下个交易日就能到账。

一般来说,1 万元以内的基金可以实现当天赎回,赎回金额若超过 1 万元,则需等 T+1 个工作日。目前各平台的基金交易规则略有差异,尤其是在赎回时长方面要特别注意。基金的赎回时长在 T+0 个工作日到 T+2 个工作日不等,建议大家在选购前仔细浏览交易规则。如果各平台的收益差别不明显,

那么我们应该尽可能地选择到账快，赎回时长比较短的渠道购买基金。

15.1.3　产品多样，利于投资者进行组合配置

随着基金日益多样化和市场竞争渐趋激烈，各基金公司都根据自身实际情况不断创新产品，合理布置并完善产品线。在日益完善的产品线下，组合配置不同的基金，提高收益率，也变得越来越便捷。

我们可以根据自身条件组合配置基金。例如，在中等风险偏好下，如果我们的投资期限只有 1 年或 2 年，那就尽可能配置固定收益类产品，也可以考虑配置债券型基金，对于高风险的股票型基金则不推荐配置。

如果我们的投资期限超过 3 年或 5 年，就可以考虑将较多资产配置到股票型基金上，其他产品也可以少量配置一些。之后随着时间的推移，投资期限也会缩短，我们需要对产品的配置比例进行调整。

如果我们的风险偏好高一些，就多配置风险比较高的产品，如股票型基金等；反之同理。如果我们觉得自己手里的闲置资金比较多，就可以配置多种类型的基金，这样可以分散风险，保护自己的利益。但需要说明的是，我们尽量不要配置短期基金，因为其影响因素太多，出现亏损的可能性比较大。

15.2　五种基金，总有一种适合你

基金投资更像是一种代理投资，投资者将资产投给可信赖的基金公司，通过他们运营资本，创造收益。我们要想合理配置基金，首先要了解二级

市场的基金状况。按照投资项目来讲，基金可以分为股票型基金、指数型基金、混合型基金、债券型基金、货币基金。

15.2.1 股票型基金

股票型基金具有高流动性、易变现的优势。同时，股票型基金比直接投资股票的风险低很多。但与债券型基金、货币基金相比，其风险仍比较高。一般来说，能够承受高风险的投资者可以投资这种类型的基金。

15.2.2 指数型基金

指数型基金是以特定的指数为标的的指数，并以该指数的成分股为投资对象，通过购买该指数的全部或部分成分股构建投资组合，以追踪标的指数表现的基金。现在指数型基金越来越多，选择指数型基金的难度越来越大。

在选择指数型基金时，投资者需要重视以下三个方面。

1. 分析指数型基金的实力

一般规模越大的指数型基金，收益会越稳定，因此，投资者应该选择规模在 1 亿元以上的指数型基金。盈利年限长的指数型基金相对比较安全，投资者适合购买连续 3 年及以上都能保持较良好状态的指数型基金，这样的基金更有收益保障。

在判断指数型基金的实力时，投资者也可以参考各种评级系统，如晨星评级等。但需要注意的是，这种评级大多针对的是指数型基金的过往历史，并不能完全反映其此时的好坏，投资者应当在此基础上根据具体问题具体分析。

2. 关注相关费用

在选择指数型基金时，投资者可以将费用高低作为自己进行决策的依据，以尽量减少投资成本。当然，节约成本固然重要，但保持良好的收益也非常重要。因此，投资者绝对不能只顾追求较低的费用而盲目投资，还是要分析其收益情况。

3. 时刻跟踪标的指数

标的指数是指数型基金的"灵魂"所在。对于优秀的指数型基金来说，它的涨跌应该与标的指数是重合的，这样可以大大节省投资者的精力。因为投资者只需要关注标的指数的涨跌情况，就可以及时合理地控制盈亏比例。

投资总是有风险的，指数型基金投资当然也是如此。投资者在投资前应该想好自己能承受多大的风险、可以等待多久，如果亏损超过了预期值自己能不能承受。尽管与单一的股票投资相比，指数型基金投资的风险较低，但这并不代表投资者就可以盲目地对其进行集中投资，比较好的做法是将资金分散开来，做组合投资。

15.2.3　混合型基金

混合型基金也称配置型基金，核心是对资产进行组合配置，如将资产分为三份，分别购买股票型基金、债券型基金、货币基金等。

这种基金的主要特点是以组合投资的方式合理分散风险。其风险低于股票型基金，同时收益又高于债券型基金，是比较保守的投资选择。

15.2.4　债券型基金

投资者将 80% 以上的资产用于投资债券的是债券型基金。与股票型基金相比，其收益更稳定，风险也更低。因此，这种基金适合对资金安全性要求较高，还希望收获稳定收益的投资者。

15.2.5　货币基金

货币基金也称停泊基金，是投资者将 80% 的资产用于投资央票、短期债券、现金等收益的基金。这种基金的主要特点是高安全性和高流动性。因此，这种基金适合害怕风险，并希望资产保持较高流动性的投资者。

15.3　基金投资的技巧

很多投资者误以为基金是十分稳健的产品。其实，基金也属于有风险的产品，也需要投资者擦亮眼睛，了解行业发展趋势，谨慎购买。以下为投资者进行三个方面的提示，希望能对投资者购买基金有帮助。

15.3.1　通过合适的方式买入基金

基金有两种买入方式，一种是单笔投资，另一种是基金定投，这两种方式对应两种不同的收益。

（1）单笔投资

单笔投资需要一次性投入很多资金，不懂基金的投资新手很难掌握进场或退场的时机，不仅无法通过低买高卖的方式获得收益，还会让投入的资金"打了水漂"。由此可见，单笔投资的投资特性明显，对于时机选择的要求比较高。因此，单笔投资适合闲置资金比较多且能自主选择时机的投资者。

此外，投资者在进行单笔投资时要留意基金管理人的从业时间、业绩、理财理念等信息，以确保自己能够获得高收益率。看基金走势对于投资者来说也非常重要。基金走势图会显示近 1 年、6 个月、3 个月的基金走势。投资者一定要通过基金走势图来判断自己是否应该买入基金。

（2）基金定投

基金定投的优势在于可以很好地分散风险，有利于投资者分摊成本。例如，投资者通过多次定期投入、多仓配置，可以摊薄基金的投资成本。

基金定投有"懒人理财"的称号，可以在发挥储蓄作用的同时让投资者用低投入分享高收益，还可以免去投资者选择何时进场或退场的烦恼。

对于没有时间和精力研究基金走势及难以精确把握进场或退场的时机的普通大众而言，基金定投是非常不错的中长期理财方式。

以上两种方式的理念不同，投资者要根据基金走势和自身情况判断具体选择哪种方式。与此同时，投资者还要了解基金中的"先进先出"原则。该原则是指投资者多次购买同一只基金，在办理赎回业务时按照购买的顺序赎回，即先购买的基金先赎回。基金可以分批赎回，但有最低份额限制。

例如，非货币基金按照份额进行赎回，申请赎回份额精确到小数点后两位，每次赎回份额不得低于 1 000 份，账户余额不得低于 1 000 份。如果进行一次赎回后账户中的基金份额低于 1 000 份，那么我们应一次性赎回；如果因分红再投资、非交易过户、转托管、巨额赎回、基金转换等原因导致的账户余额少于 1 000 份的情况，那么不受此限制，但再次赎回时必须一次性全部赎回。

15.3.2 掌握基金的交易原则

基金的申购和赎回一般都采取"未知价"原则，即投资者在申购、赎回基金时并不能即时获知成交价格。成交价格只能以交易结束后基金管理人公布的基金份额净值为基准进行计算，而基金份额净值一般于第二天才公布。因此，投资者在交易当日只知道上一日的基金份额净值，并不知道确切的成交价格。

采用"未知价"原则是为了避免投资者根据当日的证券市场情况决定是否买卖基金，这样不会对其他基金持有人的利益造成不利影响。举例说明，如果基金的买卖采用"历史价"原则，即根据当日公布的前一日的基金份额净值申购和赎回基金，那么在当日证券市场上行的情况下，基金份额净值会随之增加。

因为按当日公布的前一日的基金份额净值计价，所以投资者只需付出较少的资金就可以享受当日上涨后的基金份额净值；而当证券市场下行时，投资者赎回基金就会避免基金份额净值下跌的损失。

这样有可能引起套利行为，对基金的长期持有者不利，同时也不利于基金的稳定操作和基金份额净值的稳定。所以，基金的买卖在我国一般都采用"未知价"原则，即按次一日公布的基金份额净值计算成交价格。

15.3.3 申购与赎回基金的注意事项

除了基金首次发行时的成交价格确定为 1 元以外，基金的买卖通常都是采取"未知价"原则，即投资者在提交委托申请时并不知道基金份额净值。所以，投资者按照金额进行申购（申购多少钱的基金）、按照份额赎回（赎回多少份的基金）、按照 T 日的基金份额净值成交，于 T + 1 个工作日确认交易结果。

由于使用"未知价"原则，加上买卖的基础是基金份额净值，为了投资者在申购和赎回基金时，资金来往更公平、方便，我国的基金交易采用金额申购和份额赎回的方法。

金额申购是指投资者在购买基金时按照购买的金额提出申请，而不是按照购买的份额提出申请。

份额赎回就是投资者在卖出基金时按照卖出的份额提出申请，而不是按照卖出的金额提出申请。

基金交易采用这种方法的原因是无论申购还是赎回基金都是以申请当天的基金份额净值计价的。一般申购或赎回申请都是在股市结束前，也就是在基金份额净值确定前。所以，申购基金只能以金额为基础，因为份数不确定；赎回基金只能以份数为基础，因为金额不确定。

15.4 选择优质基金的三种方法

基金在众多投资方式中虽然属于比较稳健的一种，但我们依然要练就火眼金睛，选出可以让自己盈利的优质基金。因此，为了降低风险，我们必须学习一些判断基金是否值得购买的方法，并将其应用于实践。

15.4.1 判断基金的业绩表现

投资者在进行基金投资时需要先选择基金，而选择基金通常就是选择业绩表现好的基金。判断基金的业绩表现需要一定的方法，投资者可以参考以下指标。

（1）总资产净值

总资产净值是根据基金组合中股票、债券等有价证券计算的，一般以证券交易所公布的收盘价为标准。如果一只基金的总资产净值处于增长状态，那么该基金的业绩表现较好，可以进行投资；相反，这项投资将是非常有风险的。

总资产净值的计算公式如下。

$$总资产净值 = 总资产 - 总负债$$

总资产净值由总资产减去总负债得到，总资产必须减去基金在发放利息和股息时应支付的利息和股息之和。总负债主要是指从银行借入的资金、支付给基金公司的管理费以及托管机构的托管费等必要费用。

总资产净值的增长来自三个方面：投资收益（利息、股息和资本增值）、基金吸收额的增加、必要费用的减少。其中，最重要的是投资收益。如果基金的经营状况良好，收益高，那么将会吸引更多投资者，使其总资产净值高于平均水平。

（2）单位资产净值变化

单位资产净值等于总资产减去总负债除以基金单位总数，其计算公式如下。

单位资产净值=（总资产–总负债）÷基金单位总数

这里的总资产是指基金包含的所有资产；总负债是指基金在经营和筹资过程中形成的负债，包括应付给他人的各项费用和应付的利息等；基金单位总数是指当年发行基金的单位总数。

（3）投资报酬率

投资报酬率是指投资者在拥有基金的一段时间内，基金的增长情况。对于投资者来说，投资报酬率越高，基金的盈利效果越好，其获得的收益就越多。投资报酬率的计算公式如下。

投资报酬率 =（期末净资产总值 – 期初净资产总值）÷ 期初净资产总值 ×100%

相对于开放式基金而言，非开放式基金不需要对投资所得进行提取，而是继续进行下一轮投资。这时其投资回报率的公式略有不同，具体如下。

投资报酬率 =（期末净资产总值 – 期初净资产总值 + 利息 + 股息）÷ 期初净资产总值 ×100%

（4）夏普比率

夏普比率的作用是衡量基金的绩效情况，其计算方法很简单，具体公式如下。

夏普比率 = 基金净值增长率平均值 – 无风险利率基金净值增长率的标准差

它的优点在于对投资的风险与收益进行综合考虑，如果计算结果为正值，说明基金的增长率高于风险率。在这种情况下非常适合进行基金投资。计算结果的数值越大，说明回报率越高。

15.4.2　分析基金是否可以获取超额收益

投资者需要关注基金的超额收益能力，即相对于市场指数而言，其超额收益的多少以及持续性问题。超额收益也可以理解为风险溢价。

通过分析基金的长期超额收益，我们可以知道"股票＋强股"投资组合的表现相对较优，一些基金具备长期超额收益能力，但短期超额收益容易出现波动。而且，随着行业的发展，投资者投资的难度提升。许多机构开始关注一些风格鲜明、超额收益能力稳定的基金，投资者在实际选择中可以此作为参考。

15.4.3　衡量基金的抗风险能力

投资者在选择基金时应该关注其抗风险能力，该能力主要通过亏损频率和平均亏损幅度进行判断。一般来说，基金的抗风险能力取决于其所含股票是否分散（有利于降低对某一行业突然亏损的风险）和基金经理对股市行情的判断（换掉组合内可能有的股票）是否准确。

亏损频率和平均亏损幅度在一定程度上反映了基金经理的操作风格，只有可以平衡亏损频率和平均亏损幅度的基金经理，才能更好地帮助投资者实现长期持续的投资回报。

通过最大回撤数据，我们也可以判断基金的风险程度。最大回撤是衡量风险的一个重要指标，我们可以将其理解为基金可能发生的最大亏损，它可以用于描述投资者在买入基金后可能出现最糟糕的情况。通过最大回撤数据，可以判断该基金的风险是否超过了我们的心理承受能力，从而对基金进行筛选。